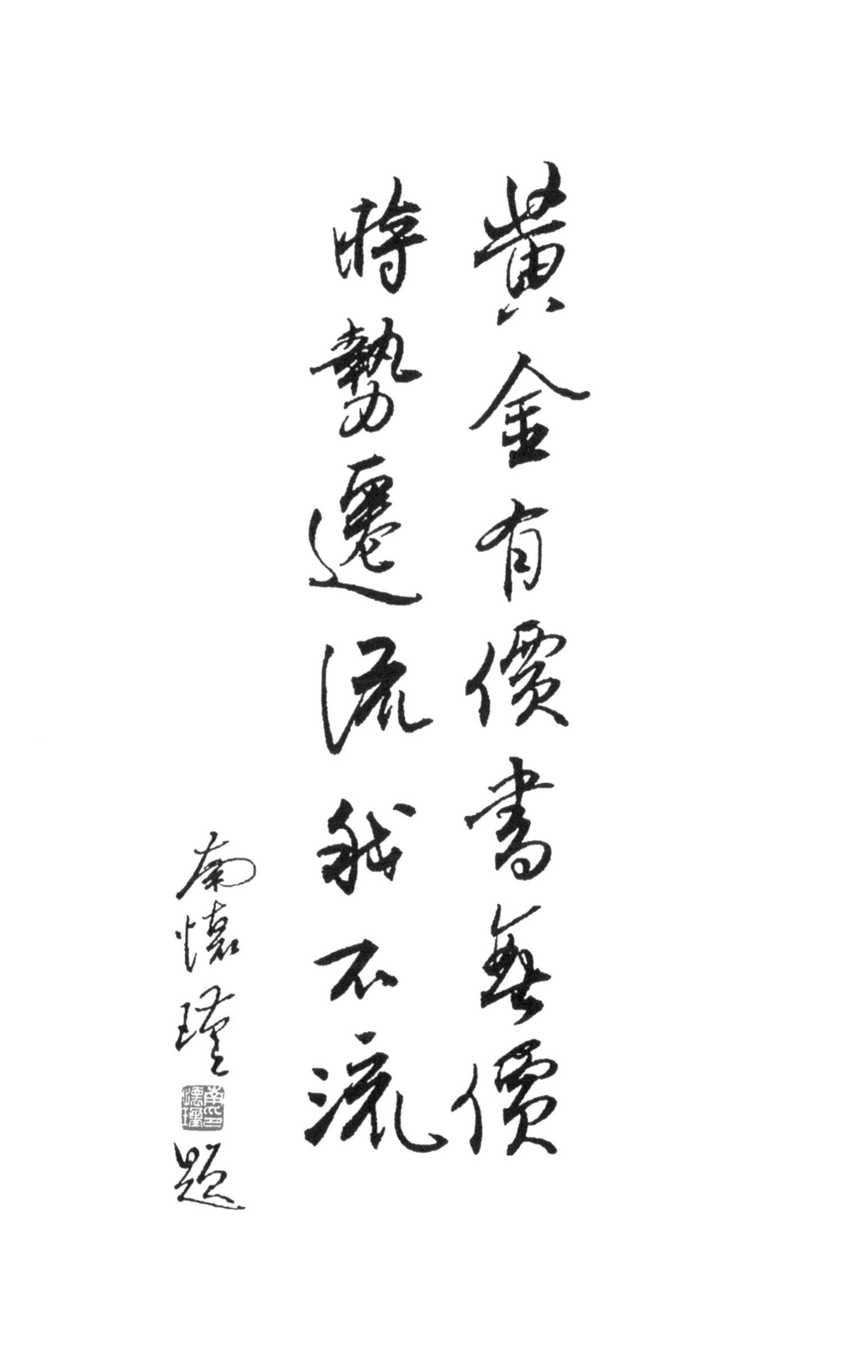

黃金有價書無價
時勢遷流我不流

南懷瑾題

作者與南師在太湖大學堂一號樓合影

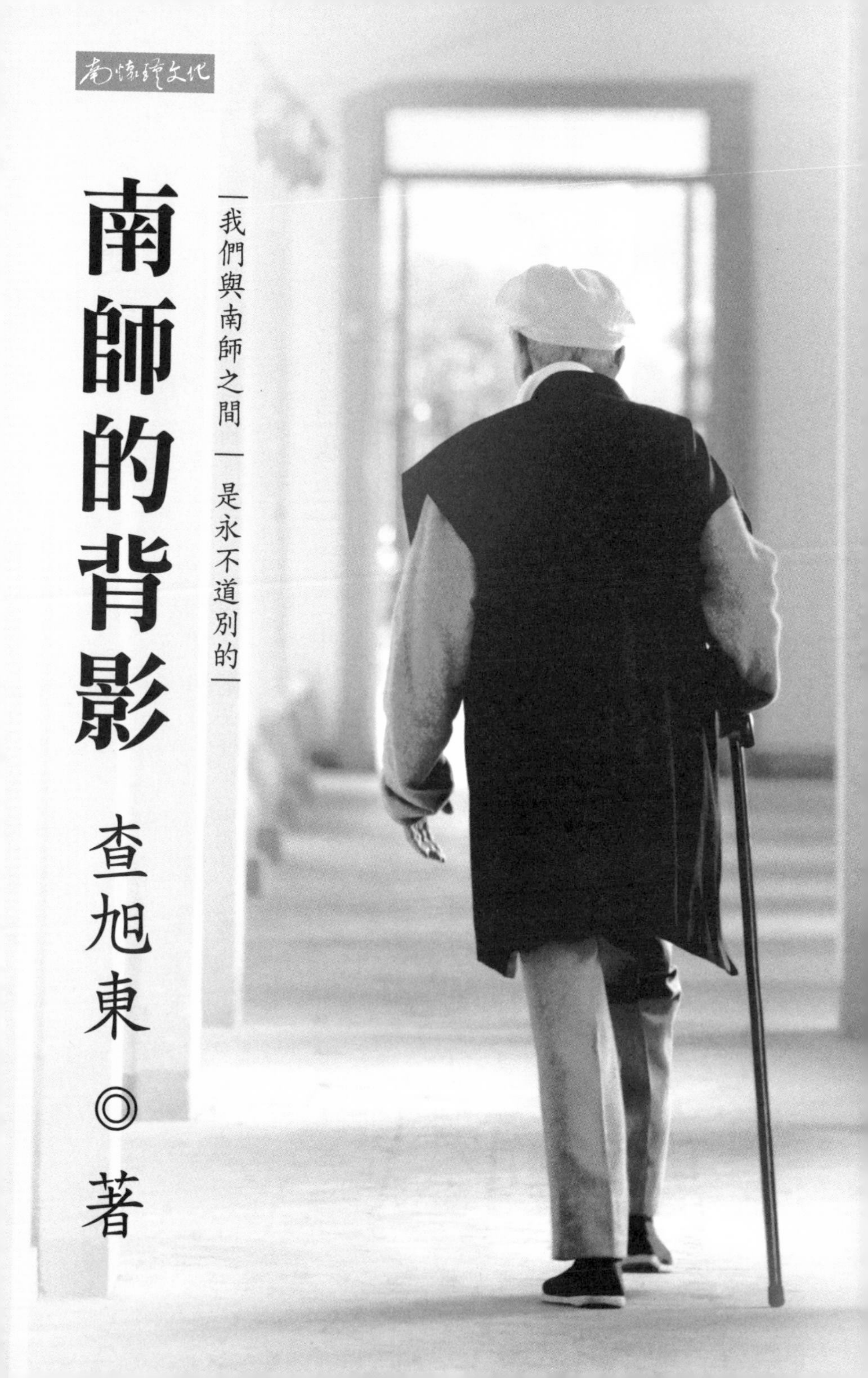

南懷瑾文化

南師的背影

—我們與南師之間—是永不道別的—

查旭東◎著

題記

封面上這一張南師背影照，拍攝於南師晚年定居的太湖大學堂。感謝攝影師王苗老師，為我們留下了這個珍貴的瞬間。

十年前的中秋前夜（二〇一二年九月二十九日），太湖南岸的一輪皎潔明月，見證了一代文化巨擘——南懷瑾先生（一九一八—二〇一二）的離去，也見證了一個時代的遠去。

二〇二二年九月九日（壬寅年八月十四日），在「南懷瑾先生辭世十週年」的線上紀念活動現場，宗性法師（按：中國佛教協會副會長、成都文殊院方丈）說：南師留在他腦海中的一個畫面，是一張他的背影照……深以為然！

這是一個孤獨的背影

這是一位飽經風霜的九十多歲老人。照片中的南師，一襲坎肩，一根手杖，足蹬布履。瘦削的身形，穩健的步伐，透過層層疊框的風雨長廊，形單影隻，獨自前行。黑白調的光影，幻化出歷史的滄桑與沉重。

人們常說，「見與師齊，減師半德；見過於師，方堪傳授」。南師從他的老師——袁煥仙先生等先賢手中「接棒」，並且發揚光大。反觀身後，南師晚年，常以「無門無派無弟子」自況。他時常流露「教育無用」「後繼乏人」，又感歎「老朋友們一個個都離去了」，「老」為眾「苦」之首……偶爾見他獨坐一隅，默然無語，雖身邊人來人往，卻「旁若無人」。這何嘗不是一種「曲高和寡」的孤獨、知音難覓的憂傷。

這是一個堅定的背影

這是一位一生求索、志篤意堅的老人。「雖千萬人，吾往矣！」年輕時的峨嵋發願：「為接續中華文化百年之斷層而奮鬥！」人過中年、「身在異鄉為異客」時的「為保衛民族文化而戰！」晚年回歸、蟄居太湖時的「辦學堂、教蒙童」，南師用一生堅守和踐行了自己的誓願。

及至晚年，尤感急迫，南師為完成自己的使命和誓願，真正做到了廢寢忘食、夜以繼日，生命不息、奮鬥不止。這樣的思想精神，這樣的使命擔當，若非親眼所見，我們這些「現實」的現代人無法相信，世間尚有這樣的人物存在！

南師一生，以一己之力，克服艱難困苦，衝破重重關隘；挽狂瀾於既倒，扶大廈之將傾。這是老一輩中國人的文化脊梁、精神背影！

這是一個時代的背影

「這是最好的時代，這是最壞的時代」，大師凋零，文化式微。南師生前、身後，褒貶、毀譽始終伴隨左右，「譽之則尊如菩薩，毀之則貶為蟊賊」（語出南師〈狂言十二辭〉）。環顧宇內，偌大中華恐無人能出其右。從某種意義上說，南師的離去，既是一個時代的終結，也是一個時代的背影！

「現在我們的教育，愈來愈普及，知識的範圍也愈來愈普遍，實非前三十年可比。但是我們青少年們的學術思想，以及『見義勇為』、挺身而起『救亡圖強』的精神和心理，卻遠不及上一輩的老少年們。」

這是南師曾經的「警告」，也是當下眾生應引為棒喝的警世之語。屬於南師的那個時代已經遠去，而屬於今人的這個時代剛剛開啟。一個時代有一個時代的使命，大師身後的我們，是否能無愧於先師賢哲的教誨，是否能踐行自己的諾言，自利利他重實行，時間將是最好的檢驗和明證。

南師身後的這十年，一眾南師的後人、學生、追隨者，或承襲師志、編書著文，或弘道釋疑、教書育人，或實業興邦、入世濟民，或慈善公益、扶危助困……雖能力有大小、秉賦有差異，但各自在努力著、堅守著、傳承著南師的事業。優秀代表當屬劉雨虹先生（一九二一—二〇二一），「忘年忘生忘自己，念佛念法念師恩」，為弘揚南師的文化事業鞠躬盡瘁，奮戰至生命的最後一息。

在南師削瘦卻堅定的背影面前，喜歡他的人視之如「明燈」、尊之似「神佛」，由此也出現了一些令人擔憂的現象，即將南師「神化」「神秘化」，對他的言行給予過高、過度的解讀，甚至出現一些「個人崇拜」式的宣傳，難免有「捧殺」的嫌疑，其危害甚至比貶損、「妖魔化」南師更甚，這對中華優秀傳統文化的傳承是有百害而無一利的。對此，劉雨虹老師生前也曾憂心地表示：「南師不需要別人捧他，也反對搞個人迷信。」

也許，我們將不得不直面一個嚴峻的事實：今天的學人們，恐怕很難「見與師齊」，更做不到「見過於師」。如何避免「減師半德」甚或「減師數德」的不堪，我同意這樣的觀點：對南師更好的紀念，還是多讀一些他的書吧。老老實實做人做事，履行好自己的那份職責，勿讓前輩蒙羞，勿讓後世埋怨，即屬不易也。

二〇二二年九月寫於蘇州吳江

出版說明（註）

二〇一〇年的九月廿日，晚餐前，七都廟港的沈遠林先生陪著一位青年一樣的客人，前來太湖大學堂拜訪南師懷瑾先生。介紹之下，原來是新到任的七都書記查旭東先生。

晚餐桌上，查書記對南師說民風，談見聞，說理想，談工作，流露出的是熱誠又理性，令人印象深刻。南師則頻頻點頭稱許。

查書記一行離去後，南師說，這是一個正直而且有見解的人，不落俗套。地方有這樣的官員，我們有福了，這也是國家之福。

在南師生前走後的六七年中，查書記親歷了一切，他的正派守法又通情的處理和作為，在他所寫的這本書中，隨處可見。書中除了忠實描述與南師交往的種種一切外，更顯露了對南師的深深情感，書中言辭行文更真切自然，引人入勝。

這是一本另外角度談南師的書，讀者有福了。

劉雨虹 記

二〇一六年十二月 耶誕夜

（註）此篇為《說不盡的南懷瑾》首次出版時，劉雨虹先生專門為該書所寫的出版說明。

目錄

第一篇　永不道別

第二篇　公門修行

第三篇　家國春秋

第一篇 永不道別

吳江各界「南懷瑾先生追思會」上的悼詞

最尊敬的南老師：

此刻，站在您的遺像前，千言萬語湧上心頭。您的諄諄教誨言猶在耳，有太多的話想對您說，可無論怎樣表達，都不足以彌補我心中永遠的痛。

七月大學堂一別，說好改日再來，不料竟成永別。今天，我們在這裡追思緬懷您的道德、事業，您畢生致力於弘揚中華傳統文化的道德人格，身體力行宣導改進教育、教化人心的崇高風範，厥功至偉。

您一生習武尚文，從軍執教，貫通中西，著述等身，把深奧的道理說得簡單明瞭，妙語自成一家，是當之無愧的儒釋道大師，當代中國的精神導師。

您這樣一位飽經滄桑、歷經世事變遷的世紀老人，在一九九八年初識七都（廟港），為這裡遠山近水的開闊氣勢、獨特的歷史文化底蘊所吸引，二〇〇〇年，您以八十三歲高齡，決定在這裡興辦太湖大學堂，實現自己濃縮東西精華、傳播國學文化的心願。

二〇〇六年，太湖大學堂建成，您便長年定居於此，八十九歲開始結廬授課，堪稱佳話。六年來，您以九旬高齡，公開授課五十餘次，受教者無數；一年三百六十五天，讀書修行育人，從無懈怠。

在太湖大學堂，國學文化薪火相傳。七都（廟港）則有幸成為您實踐心願之地，同時，藉由您的影響，沉澱著這一方水土的歷史文化，將您的文化精神實踐於社會發展之中，為地方的發展帶來深遠的影響。

您對這一塊土地上的歷史文化淵源十分瞭解和重視。您說過，這裡曾是吳文化的一個中心，佛家思想、儒家文化興盛，對於七都在傳承這些優秀文化上的作為，您也都給予了最積極的支持。

二〇一一年，七都鎮以區域內優秀文化、自然生態資源，建設太湖浦江源國家水利風景區。您聞訊十分欣喜，不僅親筆題寫景區名，而且為景區的定位出謀劃策——希望能將七都（廟港）的傳統文化資源進行挖掘與整理，使其在現實中得以傳承與弘揚。對於今年五月以來七都鎮開展的推選「七都孝賢」活動，您更給予了高度的關注和評價，認為這是傳統文化在新時代中的實踐與發揚，意義深遠。

您「上下五千年，縱橫十萬里；經綸三大教，出入百家言」。而最令人起敬的，除了您廣博的學問，還有您濟世的理想。您說，不要把儒釋道只當作學問，最要緊的是做實修的功夫。

二〇一二年，七都鎮決定恢復重建曾經的太湖文化標誌之一——老太廟文化廣場。在這個文化廣場中，將實現吳文化、太湖文化、宗教文化融為一體，集中展示。這個廣場，作為一個人文文化的載體，將啟發人們效法先賢，從我做起，點亮自己，照亮別人，共同建設美好家園與社會。

而這樣一個文化項目，正是在您的大力支持與推動下，才得以順利實現的。您親自關心指點老太廟文化廣場的選址、設計，親筆為老太廟題字，更捐出十八畝土地用作老太廟文化廣場核心區建設，又派出國際知名大建築師登琨艷先生，為老太廟文化廣場做義務的建築設計。特別是您和太湖大學堂的同學們共襄盛舉，還為廣場建設捐資三百五十萬餘元，其中更有您自己一百萬元的稿費。您曾對我說：「哪怕只有一塊錢，你也可以開始動工了，我會全力支持你。」

您曾說，自己既不是浙江的，也不是吳江的，而是屬於中國的。您的博大胸懷和偉大人格，非我輩所能仰止。六年來，您在七都（廟港）的日日夜夜，影響著這塊土地，也影響著這塊土地上的每一個人。

您的辭世，是中華民族的巨大損失，更是七都人民的永遠之痛。您暫時離開了我們，而您的精神與事業永存！

您的「小老弟」查旭東
二〇一二年十月十九日

Never Say Goodbye

去年（二〇一七）「五一」，在我離開七都工作前，前往廟港「淨名蘭若」，向劉雨虹老師等一眾師友辭行。席間，劉老師用一首英文歌的歌名，來展開對我的「教誨」：Never Say Goodbye（永不道別）……

轉眼已是二〇一八年三月十八日，到了南師百年誕辰的紀念日，週四（三月十五日），收到劉老師託人捎來她新編輯出版的紀念文集《百年南師》，欣喜之餘，回首與南師交集的歲月以及南師辭世後的五年多時間裡，所經歷和發生的一幕幕、一件件，不禁百感交集。而我首先想到的就是劉老師贈我的這個英文歌名：Never Say Goodbye，也許最能表達我此刻的一份心情。

首先，我們與南師之間是「永不道別」的。因為南師從沒有離開過我們，他的精神事業、道德文章，光照千秋，福澤未來，讓我們沐浴其中，受益無窮。尤其對有緣親近過南師的眾多學生來說，更是師恩永沐，福澤無邊。感念南師的教化，讓越來越多的人走上了熱愛、弘揚傳統文化的道路，讓不同的人各有受益，或表或裡，或深或淺，影響深遠，厥功至偉。我們怎麼捨得他「離開」!?就我個人而言，每當遇到挫折困頓，南師的身影總在眼前浮現；南師的諄諄教誨，猶在耳畔；南師的書籍文章，更如雨露甘霖，滋養著我的身心，指引著我前行的方向。這也更讓我深切地體會到，每個親近或接觸過南師的人心中，都有一個「說不盡的南懷瑾」……

其次，我個人與七都（廟港）、與各位師友之間，也是「永不道別」的，雖然我因為工作離開了，但我對七都（廟港）的感情、與各位師友的聯繫並未中斷，發生在七都（廟港）的些許變化，尤其是與南師相關的點點滴滴，仍牽動著我的心。抽空去老太廟廣場坐坐，時時去拜會、請益劉老師、宏忍師、宗性法師等一眾師友，更成了我生活中的一個習慣，我以此為樂、如沐春風。那份依賴和滿足，若非親身經歷是無法體會的。作為我個人，是不捨、不忍，也不會與大家道別的。

在這紀念南師百年誕辰的特殊日子裡，謹以這段小文，寄託我對南師的一份思念和感恩！

二〇一八年三月

二月初六憶南師

夏曆二月初六（今年的二月二十八日），是南公懷瑾先生一百零二週年的誕辰。按照「生過虛歲、卒記週年」的習俗，南師如果仍在，應該已是一百零三歲的老人了。

生日是「母難日」

南師生前是最反對慶祝生日的，因為在他看來，生日是「母難日」，是不值得慶賀的。再者，他也是不想給別人添麻煩。少有的幾張慶生照片，也是身邊工作人員瞞著他，趁他不注意，在「人民公社」的餐桌課堂上，擺上蛋糕、蠟燭，表達後學晚輩們的一份心意。更多時候，他都會高掛「免戰牌」——概不見客或索性「躲」起來。

親近南師的人都知道，他對自己的母親是懷有極深沉的感情的。不止一次，聽南師說起自己的母親，真正做到了中國文化所說的「善終」、「不麻煩人」：除夕夜吃完一小碗米飯，第二天（年初一）早上安然辭世，享年百歲，無疾而終。

「老吾老以及人之老」

南師更把這份孝親的情感昇華為對整個家鄉故土、老幼的無私關愛。從他助建金溫鐵路、把祖宅捐作老幼文康活動中心等諸多義舉中，從他過往的一些

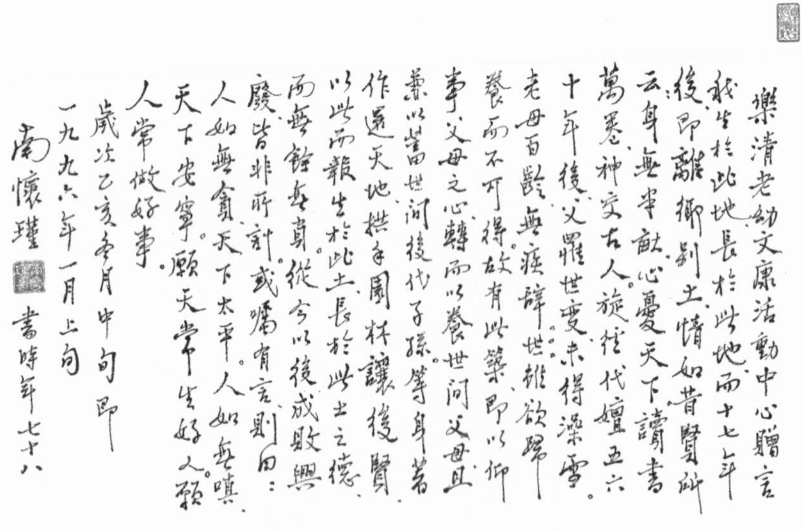

樂清老幼文康活動中心贈言
我生於此地、長於此地、而十七歲
後即離鄉別土、情如昔賢所
云：身無半畝、心憂天下、讀書
萬卷、神交古人。旋經代嬗五六
十年後、又罹世變、未得深雪。
老母百齡無疾辭世、雖欲歸
養而不可得。故有此築、即以仰
事父母之心、轉而以養世間父母、且
兼以當世間後代子孫。等身若
作還天地、拱手園林讓後賢。
以此而報生於此土、長於此土之德、
而無餘無負。從今以後、成敗興
廢、皆非所計。或囑有言、則曰：
人如無貪、天下太平。人如無嗔、
天下安寧。願天常生好人。願
人常做好事。
歲次乙亥冬月中旬即
一九九六年一月上旬
南懷瑾 書時年七十八

詩文中，都能體會到一份深深的「遊子」情懷。

在寫給溫州樂清政府的〈樂清老幼文康活動中心贈言〉中，南師說：「即以仰事父母之心，轉而以養世間父母，且兼以蓄世間後代子孫。等身著作還天地，拱手園林讓後賢。以此而報生於此土、長於此土之德。」

家風與家教

二〇一六年七月間，我來到浙江溫州、樂清，看望南師的後人——長子南宋釧、次子南小舜及部分孫輩，受到了南師後人如家人般的接待，倍感溫暖、親切。

走進南宋釧大哥的家，屋內陳設簡陋卻乾淨整潔，一台老舊的臺式風扇就是主要的家電了。小舜哥則不顧八旬高齡，不辭辛勞，親自陪我參訪井虹禪寺、殿後村、南氏宗祠、家廟、祖宅（南師捐為「樂清老幼文康活動中心」）等諸多與南師相關的去處。

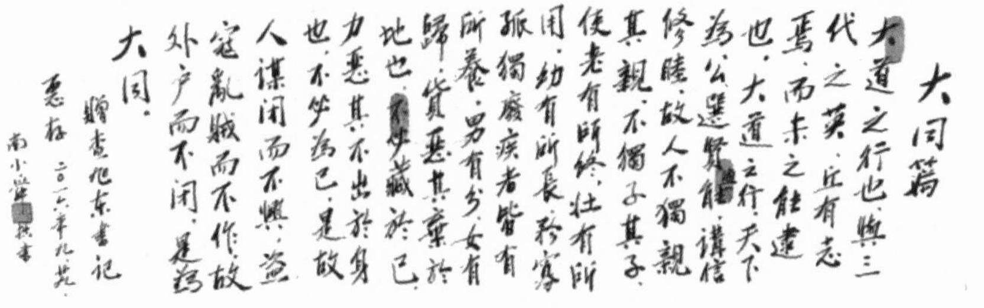
大同篇
大道之行也，與三代之英，丘有志焉，而未之能逮也。大道之行，天下為公，選賢與能，講信修睦。故人不獨親其親，不獨子其子，使老有所終，壯有所用，幼有所長，矜寡孤獨廢疾者皆有所養，男有分，女有歸。貨惡其棄於地也，不必藏於己；力惡其不出於身也，不必為己。是故謀閉而不興，盜竊亂賊而不作，故外戶而不閉，是謂大同。
贈查旭東書記
惠存
南小舜 敬書

作為南師留在大陸的兩個兒子，他們自幼與父親聚少離多，從小由祖父母、母親撫育長大，成家立業、養兒育女。他們同大家一樣，也稱南師為「老師」，喜歡讀南師的書、聽南師的課，喜愛中華傳統文化。小舜哥還自學了中醫，並寫得一手好字。即便在南師晚年回歸大陸後，他們的生活也依然如故，未得南師半點蔭庇。

二〇一七年九月和十一月初，南小舜、南宋釧兄弟先後往生，享年分別是八十一歲、八十三歲。此時正是南師辭世五週年前後，令人唏噓不已。小舜哥贈我的手書〈大同篇〉，竟成了永別的紀念。

從他們身上，我看到了勤勞、質樸、敦厚、善良的中華傳統美德，看到了南門良好的家風家教，也更深切地感受到了南師「視兒女為天下人，視天下人為兒女」

的博大胸懷。

南師留下的最大遺產和財富，是他的道德、文化和思想。

在這個特殊的時節、特別的日子裡，讓我們以各自的方式緬懷南師，感念師恩！而最好的紀念，莫過於按照南師生前的教誨：做好人，做好事！

謹以此文紀念南公懷瑾先生一百零二週年誕辰！

二〇二〇年二月二十八日（庚子二月初六）

南師身後事

——寫在南公懷瑾先生百年誕辰之際

轉眼快到南師百年誕辰的日子了，老師離開我們也已經整整五年了。

南師走後，最為外界所關心、關注的，可能還是南師身後的那些事。原本我和劉雨虹老師一樣，都抱有一個善良的願望，就是希望時間能逐漸消弭分歧、達成和解，讓迷途者知返，事情能有一個妥善圓滿的結局。

但事物的發展註定不以人的主觀意志為轉移。而我也於二〇一七年六月，離開了工作七年之久的太湖七都，成了「局外人」。這裡記述下一些個人的親身經歷和感受，當屬於歷史的一部分。希望起一個立此存照的作用。

「三願」原則

二〇一二年十月中旬，在「太湖七都文化旅遊節」新聞發佈會上，有記者問到南師的遺產遺物、著作權等有關身後事的處理，我當時表達了作為太湖大學堂所在地政府的想法，即希望南師身後事的處理遵循「三願」原則：南師的遺願、子女的意願、學生的心願。

在此之前，由東西精華農科有限公司和七都鎮人民政府共同向當時的吳江市人民政府申報同意：將太湖大學堂整體設立為「吳江市文物保護單位」（後變更為「蘇州市文物保護單位」），強調一切與南師相關的遺存、遺物，都應該原物、原址、原樣保存。遺憾的是，由於種種主客觀原因，有關文物的登記造冊、完善管理等工作遲遲沒能得以推進。（按：並致此後出現遺物散失的事件）

南師的後人

南師生前育有六個子女：老大南宋釧、老二南小舜，均已經年逾八十，現居浙江溫州，是南師與在大陸的第一任妻子所生，老三南可孟、老四南聖茵、老五南一鵬、老六南國熙，均是南師與在臺灣的第二任妻子所生，現居於港臺或海外。

說來可能沒人相信，至南師離世，雖然我在七都與南師近距離交往也近兩年，但與南師後人的相識，卻是始於南師過世以後，因為協調處理相關事宜才有所接觸和瞭解。在此之前，即使偶爾在大學堂的飯堂等場所相遇，也因南師後人對其均以「老師」相稱，我也只當他們是南師眾多學生中的一員罷了，並無任何單獨的接觸和交往。

南師的學生們

南師生前多次宣稱自己「無門無派無弟子」，並直指：「凡自稱『接棒人』、『關門弟子』云云的均是『騙子』。」用語不可謂不重，也說明南師深知「門戶之見」的害人誤己。故凡看過南師的書、聽過南師課的人，應該都屬於南師的學生。畢竟有緣親近過南師的學生是有限的，而在親近過南師的這部分學生中間，是否常隨，身在大陸還是海外，等等，情況又有很多不同。

其中，劉雨虹老師無疑是最傑出的學生代表。從一九六九年起追隨南師近半個世紀，用她自己的話說，是為南師做了半輩子的「義工」，直到南師辭世仍居留太湖，九十七歲高齡仍筆耕不輟，續寫著南師的文化傳奇。

南師育人的特點是「有教無類」。對於那些曾親近過南師的學人的表現，劉雨虹老師有過一個精妙的比喻：《西遊記》中下凡作亂的「妖魔鬼怪」，多半是各路菩薩大仙們身邊的「侍女門童」；言下之意，在南師的學生中也是「魚龍混雜」的。

還有一個頗為有趣的現象：中共「十八大」開展「反腐風暴」以來，曾有人戲說：不少被抓的高官，曾自詡是「南師的學生」，又有人說：抓這些貪官的，也不乏「南師的學生」。

南師子女的「聲明」和「會談紀要」

二〇一二年十一月上旬，南師子女聯名在大陸《溫州日報》和臺灣《中國時報》上，發佈了〈關於南懷瑾先生遺產處置的聲明〉，表示將屬於子女們的權益全部捐獻給擬成立的非營利公益機構，並暫名「懷師文化基金會」。〈聲明〉中指出，將多方邀請南師學子及社會賢達參與管理，並由該機構繼續弘揚南師之精神與教化，回饋國家社會。

說實話，看到這個〈聲明〉，剛開始我是有點擔心的。畢竟我對南師的子女既不熟悉也不瞭解，作為太湖七都的「父母官」，我當然希望南師的遺物、遺存能更多地留在當地。

正是基於這樣的考慮，二〇一二年十一月七日，我代表七都鎮黨委政府，主動約請南師子女代表南小舜、南國熙兄弟，在七都政府會議室進行了一次長談，目的是要瞭解其〈聲明〉的真實意圖，並力爭其支持和理解太湖大學堂所在地政府的合理關切。這也是我第一次正式接觸南小舜、南國熙兄弟。

雙方的會談愉快而順利，而我之前的忐忑、擔心完全是多餘的。南師子女代表的表態積極而正面：同意原物、原址、原樣保存南師的遺物；同意在當地註冊設立體現「公天下」的獨立公益文化機構，管理使用南師的遺存；同意將南師作品在大陸的著作權捐贈給當地設立的公益文化機構使用。並且形成了一個〈七都鎮領導與南師子女代表會談紀要〉，作為雙方的會談成果。南師子女的行事和態度，充分體現了南師「天下為公」的博大胸懷和良好的家風、家教。

當然，這個〈會談紀要〉的成果要真正落實，還需要太湖大學堂實際控制人一方的配合和支持。原本我以為有了這個〈會談紀要〉，接下來各方取得共識應該相對容易些。但後續的發展卻與我期盼的結果相去甚遠，甚至遠遠超越了我的想像。直至雙方對簿公堂、訴訟紛起……

太湖大學堂的「主人」

眾所周知，太湖大學堂是南師生前在中國大陸居留的最後一個場所，並且是由他親自創辦的一個文化教育場所。因此，從情理上講，在南師生前，太湖大學堂的「主人」只能是南師無疑。

這一點，從南師處置政府所欠太湖大學堂的十八畝土地，將其捐贈給老太廟文化廣場一事即可看出：作為太湖大學堂的創辦者，他是以「主人」（而非「賓客」）的姿態做主、行事的。否則，以南師的修為，不可能貿然以一個客賓的身份去處置別人家的資產。

據時任廟港鎮（七都、廟港兩鎮合併前）主要領導回憶，當時的廟港鎮政府是在南師同意、授意下，由其指派常隨學生辦理太湖大學堂相關用地、辦學等諸多手續事宜，並以相對優惠的價格，將太湖邊三百畝灘塗土地以農科用地的名義整體出讓給東西精華農科有限公司。

從法理上講，太湖大學堂所在的物理資產屬於東西精華農科有限公司；而「太湖大學堂」所承載的無形資產，則又是屬於南師個人獨資設立的「太湖文化事業公司」所有。至於在太湖大學堂的建設過程中，南師的一眾商界學生都做出過大小不等的財力、物力、人力貢獻，則又當別論了。

我也曾經給雙方建言，提出「擱置爭議，共同開發」的方案，即由物理產權方無償將太湖大學堂部分場地空間（產權不變），提供給公益性質的「協力廠商」（可以叫南懷瑾圖書館、紀念館、研究會，或直接保留南師創辦的「太湖文化事業公司」）管理和使用，屬於南師的各類資源雙方可以共享共用。讓太湖大學堂在南師身後姓「公」（並非國有），正可踐行南師一生秉持的「天下為公」的理念。

二〇一六年十一月初，我去雲南大理出差，白天參觀了洱海邊南師題字的「青廬」別墅，晚上回到酒店做了一個很奇特的夢。夢中又遇南師，而我在夢中也知南師已經離世，趕緊向南師討教，並列了長長的十八個問題，其中最後一問，即是「我該找哪些人、做些什麼事，才能妥善地處理您的身後事？」而南師則淡淡地告訴我：「你放心，不用著急，一切自然會有結果。」並給我列了一串長長的名單，有我熟識的，也有我並不認識的。

夢中醒來，唏噓不已……

二〇一七年八月三日

南師留「遺囑」了嗎？

我曾任職吳江七都鎮（「太湖大學堂」所在地）黨委書記（二〇一〇年八月—二〇一七年六月），有幸與南懷瑾先生結緣，受南師教益頗多（參見拙著《說不盡的南懷瑾》）。部分親歷了南師生前身後的這段特殊時光，雖曾努力居間調停，卻終因德薄智淺、力小任重，無功而返。如今我因工作已經離開，本可置身事外，但看到、聽到一些不明真相甚或別有用心的人，置喙、質疑甚至詆毀南師及其後人的言論，出於對南師的感情，也是基於一份歷史的責任和義務，有感而作此文。

如題，自二〇一二年九月二十九日南公懷瑾先生辭世以來，這是一個很長時間以來被很多人問起的問題。

南師的身後事，原本是南師的家事，與旁人無關，不足為外人道。繼承也好、贈予也罷，是非曲直，自有法律的裁判，清者自清，濁者自濁。但由於事涉名人，又牽涉紛爭不斷，在媒體、自媒體高度發達的今天，為各方所關注，成為一個社會公共話題，也就不足為怪了。

時至今日，我同大家一樣，沒有看到過南師親筆的、成文的、法律意義上的「遺囑」出現。如果有，或許也不會有這許多的歧義、紛爭了，這也似乎正是外界所普遍為南師「抱憾」的。

南師並非倉促離世，以其智慧學識，要留一份完整、清晰的遺囑，絕非難事。所以，我更願意相信這樣的觀點：南師留的是「法」（即其生前的著述文章、道德思想），而非普通人所看重的遺產遺物的處置方案。那麼，對於身後事，南師真的沒有任何交代嗎？

南師一輩子潛心佛學，又深諳中華傳統文化精髓要義，其對死生、名利、傳承的看法、觀點，散見於生前的言傳身教之中。從這個意義上說，南師是以其獨特的方式，留下了廣義範疇的「遺囑」「遺言」……

「無門無派無弟子」

南師生前即對一些人以自己的「入室弟子」、「接棒人」、「衣鉢傳人」自居，甚至招搖過市、騙名斂財深惡痛絕，故作出了「無門無派無弟子」的公開宣示，並說：凡自稱是我南某人「弟子」、「接棒人」的，都是「冒牌貨」，是「騙子」。而在另外一些時間、場合，南師憶及自己的老師袁煥仙居士當年曾經對他說過的話，袁公說：「懷瑾啊，我現在可以輕鬆了，因為我已經找到你可以接我的棒了，而你今後就苦囉……」言下之意，袁老先生對文化式微、後繼乏人早有遠慮。也聽得出，南師對自己的學生中無人可以承繼事業流露出深深的無奈和失望。

「誰也別想『雞犬升天』」

記得二〇一二年五月的一天晚上，在太湖大學堂的餐廳課堂上，南師說及：一部《論語》使孔子萬古流芳的同時，也讓其一眾弟子青史留名。南師由此而對身邊的學生正色道：「哪天我走了，你們誰也別想跟著我『雞犬升天』，我一個衣角也不讓你們拽著……」此言既出，滿座寂然。從中不難看出，南師對於身邊學生的態度非同一般地嚴厲，他是不希望看到後來者扛著自己的「招牌」沽名釣譽，而是應該憑藉自己的真才實學去開創一番利國利民的事業。

「教育無用」論

南師一輩子，閱人無數，也育人無數，所謂「有教無類」。在他看來，教育者的工作是要因材施教，而不是只挑選優質的學生來教。因為越是愚、劣、頑的學生，越需要幫助和教育，教育也才有意義。由此也就能理解，南師身邊的學生，並非個個「根正苗紅」，恰恰是「良莠不齊」的。

而在南師晚年，又常常生發「教育無用」的感慨。可見，一些學生雖經他悉心教育，卻終秉性難移，收效甚微。這也正是他在八十八歲高齡時，仍堅持創辦「太湖國際實驗學校」的一大緣由，就是認識到教育必須從孩童抓起。而在他看來，成年人的教育，由於底色已經「染污」，很難再有根本的轉變。

「自欺、欺人、被人欺」

在南師的課堂上、作品中，經常可以聽到、看到他引用前人的一段話，並認為是「極高明的概括」，就是「任何一個人，一生只做了三件事，便自去了。自欺、欺人、被人欺，如此而已」。

以南師的智慧和經驗，應該早已想到了自己的生前、身後，同樣也會與「自欺、欺人、被人欺」相伴，既然是「任何人」，也就概莫能外了。南師的學生、身邊人中，自然也不乏「自欺、欺人」者，而南師本人及其後人，也難免不「被人欺」了。

「捏緊拳頭來，鬆開雙手走」

關於生死、關於人類「貪嗔癡」的本性，南師早有精妙的闡述，他說：「每個人來到這個世上，都是捏緊了拳頭來，什麼都想要，什麼都要抓到自己手上。但每個人離開這個世界時，都是鬆開了雙手的，什麼也帶不走……」

「仗義每多屠狗輩，負心多是讀書人」

初聽南師引述前人的這兩句詩文，內心頗覺震撼：為什麼書讀多了，人卻做「小」了？也曾聽南師說過：書讀得多，並不代表就是有文化。相反，一個目不識丁的村婦、老漢，其行為符合傳統文化精神、合乎道德規範，就是優秀傳統文化的代表。而當下的某些情形，恐怕非此不能解釋了。作為追隨南師多年的一些身邊人、常隨學生，自然應該算是熟讀「諸子百家」、通曉「修齊治平」的「讀書人」了，而在具體的利益面前，其境界、操守，卻甚至不如尋常百姓、鄉野莽夫……

「天下為公」

南師生前最後那年，題寫了這四個字。這是他一生的心願、行履的寫照，更是對學生、後人的叮嚀和「遺囑」。南師後人，也作出了「將所繼承南師遺產、遺物捐贈國家和社會公益」的公告，雖有人質疑其「作假」、「作秀」，但至少秉持、體現了南師「公天下」的情懷，當可告慰南師在天之靈！

我們常說：「事師如師在！」南師的離去，未嘗不是留給大家的一大功課，每個人都有自己的一份交代和答卷。也許，我們更應該去認真領悟、積極踐行南師留下的這些「文字般若」……

最後，願以南師生前引用的一首古詩，與大家一起自警、共勉：

書扇示門人

〔北宋〕范仲淹

一派青山景色幽　前人田地後人收

後人收得休歡喜　還有收人在後頭

二〇一九年四月十八日

這些年，這些事

——致敬南師辭世十週年

光陰荏苒，彈指間，南公懷瑾先生離開我們已經十年了。二〇一二年九月二十九日（夏曆壬辰年中秋前夜），因為南師的離去而被世人銘記。有人說，南師以他的離世，在中華大地再次掀起了「國學熱」，成為他弘揚中華傳統文化的最後一堂大課。有幸與南師結緣於其人生的終站——太湖七都，而南師的離去，也成了我人生一個新的起點。因為從那一天開始，社會失去了一位令人景仰的智者、長者，而我失去了一位值得信賴的明師、導師。秉持先生「以出世之精神，做入世之事業」的理念，嘗試著用自己的方式、自己的腳步，去丈量此後的人生。以微薄之力，做微薄之事，做一些南師所教導和希望的事，以此回饋師恩，回饋曾經的擁有。

「老太廟」文化廣場（二〇一二年九月—二〇一五年九月）

二〇一二年九月上旬，在南師的倡議和支持下，坐落於太湖南岸的老太廟文化廣場項目正式啟動建設，至二〇一五年九月正式落成，工程三期，歷時三載。這個人文項目，傾注了南師巨大的心力與教誨，南師用他個人的稿費捐助了老太廟的第一筆善款，並且其中主體建築的十八畝土地還是南師捐獻的，整個廣場的建築和內容，融入了儒釋道乃至諸子文化，目的在於人文化導，教育世人效法先賢，自強不息，自利利他。

「七都孝賢」評選（二〇一二年九月—二〇一四年九月）

二〇一二年九月四日，與老太廟文化廣場奠基同步舉行的還有一項重要活動：首批八名由當地民眾推舉、公開評選產生的「七都孝賢」人物代表的表彰儀式（並由這些孝賢人物作為廣場的奠基嘉賓）。此後兩年又推選出兩批孝賢人物，連續三年，共推選出二十四名，成為七都歷史上的「新二十四孝」，他們的感人事蹟也展示在新落成的老太廟文化廣場的長廊裡，以彰其德善。

此舉同樣得到了南師生前的鼓勵和肯定。他認為本地模範的作用對於一個地方的民風教化非常重要。在首屆「七都孝賢」的表彰儀式上，南師派出自己的秘書馬宏達致辭：〈孝行天下，德配千古〉。

「太湖國學講壇」（二〇一三年九月—二〇一八年九月）

二〇一三年九月二十七、二十八日，南師辭世一週年之際，在太湖之濱的陽光假日酒店（也是南師二〇〇四年首次在吳江七都舉辦以「中國傳統文化與生命科學、認知科學、行為科學」為主題的研討活動的君廬別墅所在地），首屆「太湖國學講壇」如期舉行。這是作為南懷瑾先生晚年定居地的地方黨委和政府為了紀念和弘揚南懷瑾先生的學術精神與思想，努力將太湖國學講壇和南師紀念活動辦成一項具有特殊意義和深遠影響的年度性文化盛事，發揮其在區域內外的影響力，打造「太湖國學」的文化品牌，建設社會主義價值文明的重要陣地與傳播載體。

作為一個鄉鎮政府，舉辦這樣的文化活動，雖有「力小任重、智小謀大」之嫌，但我深感這是一份責任與使命，只想要為先生、為地方做一點力所能及的事情。好在有眾多南師的學生支持，有各級、各方襄助，每年的九月底（持續舉辦了六年），南師冥誕紀念之期，確定一個文化主題（六屆講壇分別以「大度看世界，從容過生活」、「百善孝為先」、「信為本」、「法治參方」、「認知生命」、「國學與鄉村振興」為主題），緊扣社會發展的熱點問題，問智古今中外。參與講演的海峽兩岸暨香港、澳門文化學者累計也有四五十人，在區域內外塑造了「太湖國學」這一文化品牌，豐富了七都特色小鎮的文化內涵。

每屆講壇的成果也以結集成冊的形式，使之擴大傳播和影響，雖不及南師作品影響之萬一，但至少做了我們應該做、可以做的，這也是貫徹南師「重在實行」的理念吧。

「南公堤」命名（二〇一三年九月）

西湖有蘇堤、白堤，蘇州有李公堤，而二〇一三年之後的太湖南岸，有了一處「南公堤」。這是為了紀念南師與太湖七都的結緣，經水利部門批准、由當地政府設立的一處「文化地標」。六・八公里的太湖大堤上，南師曾經走過的林蔭步道兩側，分佈著數十塊南師語錄銘牌，使一座水利設施浸潤著文化的氣息，成為一座文化大堤。堤內側則分佈著眾多與國學、與南師相關的文化設施，太湖大講堂、江村市隱、淨名蘭若、時習堂等，串連起一條文化長廊。

時習堂（二〇一三年九月）

臺灣著名建築設計師登琨艷先生，作為南師的學生，在南師辭世後，秉持師訓，常駐太湖南岸，並把自己的工作室也搬到了太湖邊，命名「時習堂」。

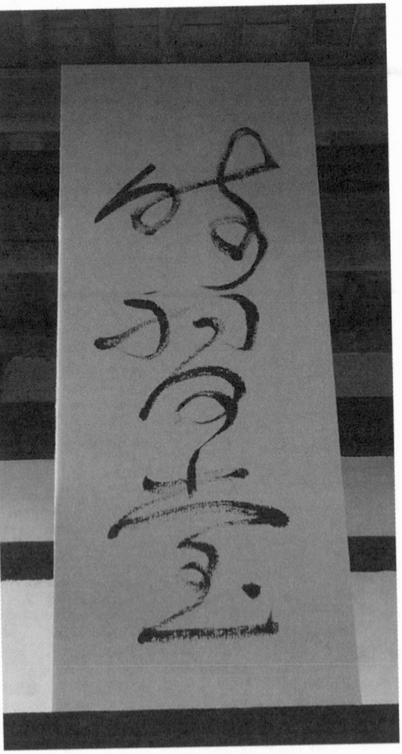

這是一處由江浙一帶常見的荒廢繭站改造而成的建築院落，經建築師的回春妙手加工處理，化腐朽為神奇，煥發出新生，成為名副其實的「南公堤一號」。登先生更慷慨發願：要以自己的學識和影響，帶動更多的人共同來參與建設「南公堤」，從一號、二號、三號……乃至十八號。他這樣說了，也堅持在這樣做著。如今在登先生的影響下，越來越多的文化類建築依次在太湖南岸延展開來。

太湖大講堂（二〇一四年九月—二〇一五年九月）

為了與老太廟文化廣場項目的文化教育功能相配套，在老太廟文化廣場的西北側，有一處別緻的新中式建築，那是二〇一四年九月，由南師的學生、綠谷集團呂松濤、劉梅英夫婦出資二千五百多萬元捐建的「太湖大講堂」。二〇一五年九月，第三屆太湖國學講壇暨南師辭世三週年紀念活動在新落成的太湖大講堂舉行。從此，太湖南岸多了一處弘揚傳統文化、推廣中

醫中藥的承載之地。這也是呂松濤、劉梅英夫婦秉持南師教誨，繼「江村市隱」之後，支援建設的又一個文化項目。

太湖群學書院（二〇一五年九月）

吳江七都，與百餘年來中國社會學先後兩位巨擘孫本文先生（一八九二—一九七九）、費孝通先生（一九一〇—二〇〇五）有著特殊的淵源。前者系南京大學社會學系的創系主任，祖籍七都；後者的社會學名著《江村經濟》，調查原型即為七都廟港的開弦弓村。基於這裡得天獨厚的歷史文化資源，二〇一五年九月二十九日，七都鎮與南京大學社會學院共同主辦的「太湖群學書院」，在太湖之濱的老太廟文化廣場落成揭幕，並禮聘南師學生、臺灣學者古國治先生擔任學院副院長。

南懷瑾學術研究會（二〇一六年九月）

二〇一六年九月，經有關部門倡議，劉雨虹先生附議，由地方政府發起設立的南懷瑾學術研究會正式揭牌，辦公選址於老太廟文化廣場的「懷軒」。該研究會獨立從事南懷瑾學術文化研究。南師子女代表、先生常隨眾、社會賢達、專家學者等積極參與，首任會長為朱清時先生，名譽會長為劉雨虹先生。作為目前唯一由地方政府

發起、具有官方身份的南師學術研究會，明確「樹立正氣，權威發聲」的定位，為南師的學術與事業、精神延續，協同合作，不遺餘力。

《說不盡的南懷瑾》（二〇一七年一月）

二〇一六年九月舉辦完紀念南師辭世四週年活動，在劉雨虹先生等一眾師友的督促和幫助下，我的一本追憶南師的小冊子，也是我平生的第一本書稿《說不盡的南懷瑾》終於在二〇一七年一月由東方出版社印行了。於我，這是一份珍貴記憶的留存，同時，我也力圖以平民視

角，真實還原一位可敬、可愛、可信、可感的「平凡而又不凡」的南師。

劉雨虹先生仙逝（二〇二二年九月）

二〇二二年九月十一日，「南師的總編輯」劉雨虹先生（一九二一—二〇二二），在太湖之濱的「淨名蘭若」寓所，走完了她百年的璀璨人生，揮手告別塵世。先生百年：歷民國、經抗戰，堪稱傳奇；遇南師、做義工，半世無悔。痛定思痛，我只能以一篇短文〈法乳深恩——追憶劉雨虹老師〉寄託哀思，而最貼切的，莫過於劉老師為自己撰寫的百齡壽聯：

忘年忘生忘自己　過去不留
念佛念法念師恩　未來久遠
橫批：我是誰

與南師「亦師亦友，半師半友」相待的劉雨虹先生，南師身後，仍長住七都廟港小鎮，筆耕不輟，整理出版南師遺作、佚作，繼續南師未竟之事業，直至生命之終點，實為吾輩楷模！而時時問詢請益劉老師，偶爾聽其垂訓一二，已成為我這些年的一個生活習慣和精神寄託。

這些年，這些事，雖漸漸遠去，卻歷歷在目！作為曾經的親歷者、見證者，回首這段歲月、回望走過的路、回味經歷的那些人和事，不乏艱辛曲折、執著奔

走，也不乏歡欣鼓舞、珍惜自足。每當心生倦意，或懶怠消沉時，我總感覺南師那雙慈祥而睿智的眼睛，在注視著這一切，督促著我奮發前行！值此南師辭世十週年之際，將它們做一個簡單羅列，也算是對先生的一份告慰和致敬！

二〇二二年五月

南懷瑾與「九二共識」

一段時間以來，台海之間風雲變幻，一個重要的原因就是兩岸對「九二共識」的重要地位與作用的認識和判斷發生了變化。甚至連一貫將「九二共識」視為圭臬的中國國民黨，也有將其「束之高閣」的趨向，不能不令人扼腕。

隨著這段歷史的親歷者、見證人紛紛老去甚或作古，重溫「九二共識」的由來及意義，也就顯得尤為重要了。

眾所周知，著名的「汪辜會談」發生在一九九三年四月的新加坡香格里拉飯店。而「九二共識」的達成，則是在一九九二年的香港，其中，離不開一個特定的歷史人物，他便是在兩岸享有廣泛文化聲譽的南懷瑾先生（一九一八年三月—二〇一二年九月）。

作為促成「九二共識」的一位重要親歷者和見證人，南懷瑾先生以其在臺灣、大陸兩岸間特殊的人脈資源和獨特的橋樑作用，居間聯絡、積極建言，才使得積怨已久、疏於往來的兩岸、兩黨之間，重新建立了聯繫和溝通的管道。

關於南懷瑾先生在「九二共識」誕生中的獨特地位和作用，《人民日報》原副總編輯周瑞金先生，在他二〇一一年發表的〈南懷瑾：國共合作的信使〉一文中，有較為詳實的記述和表達。摘要如下：

國共兩黨第三次合作來之不易。在兩岸關係起起伏伏之中，一九八二年中共對台工作負責人廖承志以個人名義給臺灣蔣經國先生寫了一封以情感人的公開信，倡議國共合作，共同完成祖國統一大業。最早看到這封信，並向國民黨當局通報的，正是身居臺灣、長期關注兩岸關係的南懷瑾先生。在他建議之下，一個月後，由宋美齡出面寫了一封文情並茂的長信，給廖承志作訓誨式的答覆。雖然兩信針鋒相對，南轅北轍，然而開了國共兩黨隔海對峙三十餘年後文字對話的先河。到八十年代中期，海峽兩岸又開始了秘密接觸，擔任密使穿梭兩岸的是蔣經國的前機要秘書沈誠。

一九八七年由楊尚昆主席出面致函蔣經國先生，經沈誠秘密轉呈，邀國民黨派代表到北京舉行和平談判。就在那一年，蔣經國先生宣佈廢除台澎「戒嚴令」，開放臺灣民眾赴大陸探親，打開了兩岸交流的大門。然而，就在兩黨談判有望開啟的重要關頭，蔣經國於一九八八年一月溘然病逝，痛失了和平統一契機，令人扼腕。

在當時的歷史條件下，南先生是唯一合適的國共合作信使人選

李登輝接過蔣經國權力後，沈誠被「高檢」以「涉嫌叛亂」罪名起訴，後雖被判無罪，卻從此失去兩岸傳話人的作用。這時，大陸選定蜚聲海峽兩岸的南懷瑾先生為居中牽線人，在香港開闢新的兩岸秘密溝通

管道。

南懷瑾先生一生行蹤奇特，常情莫測。抗戰時投筆從戎，躍馬西南，旋返成都中央軍校任政治教官。後與校長蔣介石政見不合，遂離軍校，遁跡峨嵋山閉關學佛，遍讀《大藏經》三藏十二部。後又入康藏地區參訪密宗上師，經白、黃、紅、花各教派上師印證，成為密宗上師。一九四九年初抵臺灣設帳收徒，講授中國傳統經典，並任文化大學、輔仁大學、政治大學教授，先後創立「東西文化精華協會」、「老古文化事業公司」、「十方書院」等文化機構，門生遍海島，在臺灣思想文化界影響極大。臺灣高層一些上將、中將、秘書長、主任，以及李登輝的兒子、兒媳和後來成為密使的蘇志誠三人，都成了「南門弟子」，可謂「冠蓋輻輳，將星閃耀」。

然而在上世紀八十年代，臺灣發生「十信案」，蔣經國藉機將一批黨政軍要人整的整，貶的貶，調的調，抓的抓，連南懷瑾先生也被懷疑為「新政學系領袖」。一九八五年南先生不得已「避跡出鄉邦」，離開了生活三十六年的臺灣，到美國華盛頓隱居三年，直至蔣經國逝世後的一九八八年秋才途經日本返抵香港定居。不想在香港剛住下第六天，南先生當年在成都軍校的老同事、全國政協常委、民革副主席賈亦斌突然找上門來，幾個月後賈又介紹中央對台工作負責人楊斯德主任與南先生接上關係。

南懷瑾這個「跳出三界外，不在五行中」的隱士式人物，為什麼會被選中作為兩岸關係的傳話人呢？一是他與李登輝能夠說得上話；二是他在兩岸政治圈中有廣泛的人脈關係，瞭解兩岸的政治和歷史；三是南先生有一定社會地位和威望。應當說，在當時的歷史條件下，南先生是唯一合適的國共合作信使人選。為著民族統一大業和兩岸人民的福祉，南先生抱著「買票不入場」的態度參與其中，不久即應李登輝的邀請啟程從香港重返臺灣，與李當面商討對大陸政策。一九九〇年十二月三日，在南懷瑾先生的香港寓所，兩岸密使重開國共兩黨會談。

為兩岸密使親筆起草〈和平共濟協商統一建議書〉

第一次會談結束後，南先生分別給兩岸領導人寫了一封信，表達自己及時抽身、樂觀其成的心願。信中說：「我本腐儒，平生惟細觀歷史哲學，多增感歎。綜觀八十年來家國，十萬里地河山，前四十年中，如《陰符經》言，人發殺機，天地翻覆。後四十年來，天發殺機，移星易宿。及今時勢，吾輩均已老矣。對此劫運，應有總結經驗，瞻前顧後，作出一個嶄新好榜樣，為歷史劃一時代之特色，永垂法式，則為幸甚！但人智各有異同，見地各有長短，一言興邦，豈能望其必然，只盡人事以聽天命而已。我之一生，只求避世自修，讀書樂道了事，才不足以入世，智不足以應物，活到現在，已算萬幸的多餘。只望國家安定，天下太平，就無遺憾了。目前你們已經接觸，希望能秉此好的開始，即有一好的終結。惟須鬆手放我一馬，不再事牽涉進去，或可留此餘年，多讀一些書，寫一些心得報告，留為將來做一點參考就好了。多蒙垂注關愛，寵賜暫領，容圖他日報謝。」

兩岸領導人並未讓南懷瑾先生如願。雙方密使陸陸續續在南的香港寓所會談了多次，但未獲進展。於是南先生提議大陸方面增加汪道涵和許鳴真二人為密使，參與會談。由此，會談分量和效果有了明顯的增進，終於促成海峽兩岸關係協會成立，汪道涵被江澤民主席委任為會長。一年半後，即一九九二年六月十六日的一次會談，南懷瑾先生披掛上陣，為兩岸密使親筆起草〈和平共濟協商統一建議書〉，一式兩份，交密使分別送達兩岸最高當局。〈建議書〉內容如下：「有關兩岸關係未來發展問題，適逢汪道涵先生、楊斯德先生、許鳴真先生等與蘇志誠先生等，先後在此相遇，廣泛暢談討論。鄙人所提基本原則三條認為：雙方即應迅速呈報最高領導批示認可，俾各委派代表詳商實施辦法。如蒙雙方最高領導採納，在近期內應請雙方指定相應專人商談，以期具體。如未蒙批示認可，此議作罷。基本三原則三條：（一）和平共濟，祥化宿怨；（二）同心合作，發展經濟；（三）協商國家民族統一大業。具建議人南懷瑾敬書。」此〈建議書〉由汪道涵直接送達江澤民等中央領導，獲得肯定。而臺灣方面由於蘇志誠深知李登輝意圖，竟私自將〈建議書〉壓下了，終因李登輝沒有回應而不了了之。從此，南懷瑾先生退出兩岸密使的會談。

在汪道涵的努力下，本著在南先生寓所會談的精神，兩岸密使又分別在珠海、澳門、北京等地密會多次。一九九二年十月二十八日至三十日，以汪道涵為會長的海峽兩岸關係協會與以辜振甫為董事長的海峽兩岸基金會，在香港舉行了成功的會談，雙方達成「兩岸均堅持一個中國的原則，各自以口頭聲明方式表述」的共識，這就是「九二共識」。這個共識一直成為兩岸對話與談判的基礎。一九九三年四月二十七日，備受矚目的第一次「汪辜會談」終於在新加坡正式舉行，共同簽署了四項協議。雖然協議只局限於民間性、經濟性、事務性、功能性的範圍，但它畢竟具有濃厚的歷史象徵意義，標誌著兩岸關係邁出歷史性的重要一步。

南先生心直口快地說道：「現在兩岸都說好，我看不會有結果……李登輝這個人你們都沒有看透。」

我們代表團從臺灣訪問歸來，途經香港。汪道涵先生事先交代我到香港應去拜見南懷瑾先生，聽取他對「汪辜會談」的反應。這是我第一次去南先生香港寓所拜訪神交已久的他。當時他八十一歲高齡，精神矍鑠，稱我為「南書房行走」，一語雙關，既說我是中央機關報主持言論的副總編，又戲稱今天我是到「南懷瑾書房行走來了」。當我代汪先生向他致意，並問起他對「汪辜會談」的看法時，南先生心直口快地說道：「現在兩岸都說好，我看不會有結果。『汪辜』閩南話是『黑鍋』，李登輝這個人你們都沒有看透。他在執政初期，權力基礎未穩，利用密使會談，緩和兩岸關係，得以騰出手來將李煥、郝柏村、林洋港等政敵消除掉，鞏固自己權力。現在，李登輝不同了，他會容忍汪道涵去臺灣講統一嗎？」我一回到上海，汪先生馬上會見我，聽我彙報臺灣之行。他特別關注南懷瑾先生的反應，我當時隱諱「黑鍋」之說，只說南先生不看好兩岸關係的改善，認為汪訪台機會渺茫，李登輝已經發生變化了。真想不到，南先生對我說的話，竟成讖語。一九九九年七月李登輝拋出「兩國論」，致使汪先生臺灣之行終成泡影。此後，汪辜兩老，對隔海峽，咫尺天涯，無緣再見，抱憾終身。

所幸汪道涵先生最終見證了國共第三次合作的歷史性場面，二〇〇五年五月，他強撐病體在錦江小禮堂會見了來訪的國民黨主席連戰。會見後，他經歷了一次大手術，從此臥床不起，不久與世長辭。正在閉關修煉的南懷瑾先生，得知汪道涵先生仙逝，遂在關中超度老友，並撰輓聯一副：

海上鴻飛留爪印

域中寒盡望春宵

對於周瑞金先生記述的這段史實，我有幸在太湖大學堂南師的「人民公社」餐廳課堂上，也曾聽到南懷瑾先生說及一些台前幕後的往事。雖屬「花絮」性質，卻更印證了這段歷史的真實可信。諸如：

李登輝是如何「接班」上位的？

遭兩岸支持統一的民眾所唾棄的「台獨之父」李登輝，今日已是「過街老鼠」，而在二十世紀的七八十年代，卻是頗受「小蔣」（蔣經國先生）器重的。李作為臺灣本土出生的代表性政治人物，「接班」的呼聲頗高。據稱，在其被確定為「接班人」的過程中，南懷瑾先生也許是起了某種作用的。

一九四九～一九八五年，南師居留臺灣三十六年。彼時在島內政商學各界中，他已經擁有較高的聲望，與蔣家父子也有或多或少的交集。就連「小蔣」身邊的親信人物，也時常出入南師的課堂，難免有意或無意地諮詢過南師對「接班」人選的看法和意見。有一個笑談：一次南師對來訪的「小蔣」身邊人說了句「你等會」，因為南師的浙江口音，聽者誤以為是「李登輝」。對此說法，南師一笑置之。

但南師卻說了另一個緣由：「李登輝無後」（其子因病於一九八三年去世）。在南師看來，以「小蔣」的開明，願意交出「世襲」的政權（也因蔣氏後繼乏人），改變「家天下」的格局，而由臺灣本省出生的幹部「接班」，則有助於實現中國國民黨在臺灣的「本土化」；但以「小蔣」的精明，應該也擔心自己的「接班人」貪權戀棧，重回「家天下」的窠臼，可見「小蔣」對李也並非十分放心。當然在「兩蔣時代」，李登輝的「台獨」本質隱藏得極深、尚未有任何端倪，否則也絕無可能得到「小蔣」的信任和「垂青」。

也許正是基於這層因素，加上南師早年曾在臺灣多所大學穿梭任教，與當時正在台大任教的李登輝也有「故舊」之誼，因此，在李登輝執政之初，南懷瑾先生才有可能成為其「座上賓」，並且「說得上話」。

「九二共識」的內涵是如何產生的？

一九九〇年底開始，兩岸兩黨的秘密接觸，斷斷續續在南懷瑾香港寓所等地進行。按南師的說法，他是秉持「只買票，不入場」的原則，對雙方談判細節概不過問，但偶爾會陪雙方談判人員吃個飯，有時會關心、詢問：「談得怎麼樣？」「談得順利嗎？」而得到的答覆多半是禮節性的「好」、「很好」，其實就是「不好」，很長時間沒有取得實質性的進展。

原來，由於雙方開始接觸談判的幹部層級較低，作為技術官僚，當然只能談具體的業務問題，所以一談就「卡殼」了。比如談到如何實現兩岸直接「三通」時，彼此的「稱謂」就成了問題，雙方都無法接受對方寄往當地的信函、郵包上出現「中華民國」或「中華人民共和國」的字樣……

這樣的情況出現多了，南師看出了其中的問題，就給雙方代表建議：「你們談得也很辛苦，如果談不出結果來，各自回去也不好交差。這樣吧，我給你們雙方領導人各寫一封親筆信，你們帶回去也好有個交代。」於是有了他給兩岸領導人的〈和平共濟協商統一建議書〉。

並且，南師提到，他也曾建議雙方：可以先從承認「兩岸都是中國人」談起，這樣彼此接受的難度就小了，至於是「中華民國」還是「中華人民共和國」，兩岸可以各自表述。這或許就是「九二共識」內涵的雛形了。

前人的胸襟和智慧，也許是值得今天的政治人物去學習、反省與借鑑的。

二〇二〇年七月

南懷瑾先生的「三不朽」

二〇二一年三月十八日（夏曆二月初六），是南懷瑾先生一百零三週年誕辰的紀念日，並且是難得的夏曆、西曆同日。謹作此文，是為紀念。

古人有「立德、立功、立言」「三不朽」之說。此三者「雖久不廢」，也是中國歷代文人、士大夫一族，畢其一生所追求的人生最高目標。而放眼歷史長河，真正能達此境界者，實屬寥寥。

南懷瑾先生生前也說「人有三個基本錯誤不能犯」，即「德薄而位尊，智小而謀大，力小而任重」，或可稱之為「三必朽」、正話反說的「三不朽」，恰與古人的「三不朽」之說有異曲同工之妙。

而放眼近現代乃至當代，南公懷瑾先生無疑是「三不朽」、「三個不能犯的錯」的積極踐行者和集大成者，可堪「三不朽」之譽也。

先生之「立德」：「一生志業在天心」

「立德」，高尚的道德情操，是立身之本、存世之要。一個道德品格高尚的人，離不開良好的家風家教、家庭薰陶，也離不開良師諍友的教導幫助，更離不開個人的志存高遠、執著堅守。只有以德為先、德才兼備的人，才堪大用、重用，才可以配得上做統帥、當領袖的高位、上位。否則就有「德不配位」的嫌疑。司馬光在《資治通鑑》裡說「才者，德之資也，德者，才之帥也」。做事不做人，永遠做不成事；做人不立德，永遠做不成人！南師生前經常引用伊藤博文的兩句話：「計利應計天下利，求名當求萬世名」，而他自己在青年時期即立下宏願：願為「接續中華文化之百年斷層」而努力，並為之奮鬥終身。南師在〈送幼子國熙赴美就學〉（一九六九年）的詩中，有「一生志業在天心，欲為人間平不平」、「功勳富貴原餘事，濟世利他重實行」的詩句，既是示兒的勉勵，也是他一生人格的完美寫照。

先生之「立功」：「修一條人間的大道」

「立功」，就是要為國為民建立功績，就是為眾生謀福祉、謀幸福。而最大的「立功」，莫過於拯救眾生陷溺的心靈，使眾生離惡獲福、離苦得樂。每個人的能力有大小，但事功無高下，只要按照一個正確的方向，堅持不懈去努力，積極去做，總能有所成、有所得，但切不可好高騖遠、心比天高，若不顧自身能力的局限，貪天之功，則必然會犯「力小而任重」的錯。南懷瑾先生的傳奇一生，無論是作為促成「兩岸密談」的信使，還是推動「金溫鐵路」興建的踐行者，每一件都堪彪炳史冊。而南師的傳道、授業、解惑，正是他最大的事功。用他的話說，就是要「修一條人間的大道」。功德無量，善莫大焉。

先生之「立言」：「通古今之變，成一家之言」

「立言」，就是把自己在立德做人、立功處世的經歷中形成的真知灼見，述之成文，傳之於世，給人以啟迪、警醒和鞭策，功在當時、惠及後世。這是立德立功的延續，是傳承文明的載體和途徑。當然，這個「立言」，不是那些良莠不齊、東拼西湊的文字堆砌，也並非人人皆可為之。否則就犯了「智小而謀大」的錯。南懷瑾先生一生化育無數、著述等身，雖然他一直強調自己是「述而不著」，但他對傳統經典的註解、講述，注重經史合參、融會貫通，他的文字深入淺出、通俗易懂。可謂「究天人之際，通古今之變，成一家之言」。「上下五千年，縱橫十萬里；經綸三大教，出入百家言」，「為天地立心，為生民立命，為往聖繼絕學，為萬世開太平」正是對南懷瑾先生一生「立言」的客觀評價。

二〇二一年三月十七日

「人師」南懷瑾

八年前的今天（二〇一二年九月二十九日），南懷瑾先生仙逝，享年九十五歲。九月三十日（農曆壬辰年八月十五日），正是中秋月圓之夜，南師茶毗儀式，在蘇州吳江太湖南岸的太湖大學堂舉行。

一輪明月潔如玉，世間再無南懷瑾。

先生一生，堪稱傳奇，行蹤奇特，常情莫測。幼承庭訓，遍讀諸子；抗戰軍興，投筆從戎；峨嵋閉關，閱覽大藏；隻身赴台，講授文化；旅居美歐，東西精華；暫留香港，力促和談；回歸大陸，弘揚中華。

讀書、從軍、學佛、經商、講學、育人，著述等身，化育無數，終成「一代宗師、國學巨擘」。

南懷瑾先生是當之無愧的中華文化的優秀傳播者。在「接續中華文化之百年斷層」的人生履歷中，他所經歷或參與的一件件、一樁樁，足以青史留名。

國民黨元老李石曾評價他：「上下五千年，縱橫十萬里；經綸三大教，出入百家言。」

東方出版社推介他：「人生不讀南懷瑾，閱盡詩書也枉然。」

而南師自己，則早以〈狂言十二辭〉自況：「以亦仙亦佛之才，處半人半鬼之世。治不古不今之學，當談玄實用之間。具俠義宿儒之行，入無賴學者之林。挾王霸縱橫之術，居乞士隱淪之位。譽之則尊如菩薩，毀之則貶為蟊賊。書空咄咄悲人我，弭劫無方喚奈何。」

古語云：「經師易得，人師難求。」在很多人眼裡，南師既是博學廣識的「經師」，更是誨人不倦的「人師」。而他則始終謙虛地認為自己「一無是處，一無所長」，只是傳統文化的一個「搬運工」。

讀過南師書的人都會覺得：南師對傳統經典的闡釋深入淺出、詼諧生動、簡潔管用，讓人入心入腦。他的述著，重經史合參，重經世致用，更適合於身處這個紛繁浮躁社會的芸芸眾生，是難得的醒世良藥、治世良方。

當然，南師並不在意身後別人如何評判他：「誰人背後不說人，誰人背後無人說。」一百歲老人劉雨虹先生也說：「南老師不需要別人來抬舉他。」南師用自己的一生，踐行了「以出世的情懷，做入世的事業」。

我們今天紀念南師、致敬南師，就是要學習南師做人、做事的態度、方法，少一些「自利」，多一些「利他」。讀歷史，知時事；讀經典，明得失。要有文化地做事，做有文化的事，做可傳承的事。

回想自己與南師在太湖之畔的結緣、受教，一幕幕恍在昨日、如在眼前，法乳深恩，片刻難忘。

謹以此文，紀念南師辭世八週年！

二〇二〇年九月二十九日

南懷瑾的詩與人生

文以載道，詩以明志。古人謂：「詩者，志之所至也。」又說：「在心為志，發言為詩。」

稱南懷瑾先生是著名的「詩人」，也許有人會覺得詫異，畢竟，大家知道南懷瑾，更多的是因為他在中華傳統文化傳承方面的突出貢獻。因此在大眾心目中，南師是當之無愧的國學大家、禪門大德。而其詩詞水準究竟如何，卻鮮有耳聞或甚少關注。二〇一七年，上海書店出版社出版了臺灣原彰化師範大學教授林曦先生整理、註釋的南懷瑾先生詩集——《金粟軒紀年詩》。林先生收集整理的南師詩作，時間跨度從一九三二年至二〇〇九年，分六集、共五百八十六首，差不多涵蓋了南師的一生。

關於南懷瑾先生的詩詞意境和文字魅力，東南大學喻學才教授的文章〈南懷瑾先生的詩詞意境蠡測〉至為客觀、中肯，值得細細品讀。南師的詩作，用典豐富、涉獵廣泛、意境獨特。作為詩詞「門外漢」，我始終不得其門而入。這冊《金粟軒紀年詩》也就一直躺在書櫃裡，成為「擺設」。直到近日，從劉雨虹先生處偶得一本南師講述的《我的故事我的詩》（臺灣南懷瑾文化出版），一口氣讀完，猶覺不過癮，又重看了兩遍，才略微感受到南師詩作的魅力所在。看來讀南師的詩，還得聽南師自己的講解，方得解惑。它也讓我從另一個角度重新認識了南師其人、其事，認識南懷瑾先生的「詩」意人生。用劉雨虹老師的話說：「這並不是一本只談作詩的書。」它是一九九五年六月下旬，南師在香港接待內地學人的訪問時，用四個半天的時間，結合講解自己的詩作，憶兒時、憶往昔，憶故人、憶舊事，說的是詩，講的卻是人生、時事和歷史。從中也可感受到南師詩作的魅力，可以把我們（甚至是作者自己）帶回到那些早已遠去的歲月和人生中去。用南師的話說：「回憶自己的事情，只有根據自己的詩去找。」那麼，這些詩作究竟勾起了南懷瑾先生怎樣的人生回憶呢？

少年追夢：學文、習武，一年三讀《綱鑑易知錄》，訂閱《申報》，自創「玉溪書院」

暑期自修於井虹寺（政洪寺）玉溪書院早歸

（壬申一九三二年作）

西風黃葉萬山秋　四顧蒼茫天地悠

獅子嶺頭迎曉日　彩雲飛過海東頭

這首〈暑期自修於井虹寺（政洪寺）玉溪書院早歸〉，是南懷瑾十五歲時的詩作（一九三二），也是他現存最早、佚失復得的詩作，勾起了南師對自己童年、少年往事的深深懷念，也為我們勾勒出一個孜孜求學的孤獨少年的身影。似乎他沒有童年的玩伴，有的只是書籍，對話古人。六歲到十一歲於家中私塾讀書，然後讀了一年西式辦學的高等小學。南師說自己「中國文化的底子，就是六歲到十一歲，在家中私塾學的」，「後來幾十年的應用就是這些」。十二歲那年，在南氏家廟（井虹寺）自修古文、歷史，「在一年多當中，把一部吳乘權的《綱鑑易知錄》，反覆地讀了三次」，打下了良好的歷史基礎。並且託人從上海訂閱了《申報》，關心、瞭解時事。因為身體較弱，開始一面讀書，一面練武，受時世和《三國演義》等武俠演義書籍的影響，少年南懷瑾立志要做文事、武功俱備的「中國第一人」。他把自己所在的家廟學堂自題「玉溪書院」，嚮往劉備，心儀諸葛亮，敬佩趙雲。多年以後，南師聯想到自己告別家鄉、離開大陸的情形，覺得這首「彩雲飛過海東頭」的詩作恰有一語成讖的意味。

躍馬西南：屯墾戍邊，仙俠夢、英雄夢，自號「北漢王」

西行集・過蠻溪（己卯一九三九年作）

亂山重疊靜無氛　前是茶花後是雲
的的馬蹄溪上過　一鞭紅雨落繽紛

依託優異的自學和自主管理時間的能力，少年南懷瑾在家鄉通過私塾教育和自修讀書，數年完成了常人十年乃至更長時間才可能讀完的課程，到了十七歲（一九三四年），年初在家長安排下，與大兩歲的表姐成婚，在長子南宋釧出生後，執意離開家鄉，一心「想成英雄」。時值「攘外必先安內，強國必先強種」的內亂時期，在同鄉好友的引薦下，去杭州的浙江國術館學習了兩年武術，閒暇之餘仍不忘勤學文化，並以「二期第一名」的成績畢業，恰逢抗戰全面爆發（一九三七年），十九歲（虛歲二十）的南懷瑾，成了浙江三千名學生訓練總隊的國術教官。但此時的南懷瑾，出於「對武俠小說的迷戀」，一心想到四川去，「想到峨嵋山學劍仙，找神仙」，「找那些奇人異士」，認為這才能幫得上忙，可以解救國難。就這樣，他八月動身離開杭州，經江西，過武漢，一路到了四川。不想，很快國民政府也都遷往了西南。在成都期間，交遊甚廣的南懷瑾因為特殊的身份背景和人脈資源，「被認為是中央來的」，被一幫人簇擁著做了「大小涼山墾殖公司」總經理兼自衛團的總指揮，收攏了周圍數十個山頭的地方軍閥、土匪武裝、政客官僚，一時多達兩萬多人槍。二十一歲的南懷瑾也真應了自封的「北漢王」名號。這首〈西行集・過蠻溪〉以及此後的〈務邊雜拾〉，都寫於這一時期，既有「的的馬蹄溪上過，一鞭紅雨落繽紛」的意氣風發，也有「東風驕日九州憂，一局殘棋尚未收」、「揮戈躍馬豈為名，塵土事功誤此生。何似青山供笑傲？漫將冷眼看縱橫」的清醒與無奈，表達了自己終非名利場中人，急於抽身的真實想法。

軍校逸事：與張治中的論爭

這樣做了一年多的「北漢王」，甚至引起了民國「中央」和戴笠的注意，南懷瑾在品嘗了權力帶來的「威風」和「孤單」之後，不想重蹈「翼王」石達開的覆轍，終「掛印封金」而去。其間，還在成都做了一段時間的報社編輯。之後，又到中央軍官學校（黃埔軍校西遷後）擔任了兩年左右的政治教官（應該也是當時國民政府的「招安」、用人之道）。

憶及這段往事，南師談到了中國人的「帝王」情結。在那個風雨飄搖的亂世街頭，南懷瑾目睹了一幕鬧劇：一夥農民武裝扛著「替天行道」的黃旗，穿著皇帝、皇后的戲服，衝進了成都的皇城，準備進城當皇帝，後被士兵鎮壓了。由此還引發了南懷瑾與同為黃埔教官的張治中的一段論爭。南對張說：「我們黃埔軍校是革命的大本營，到現在為止，那些教官們，能幹的不肯幹，肯幹的不能幹，留下做官的，統統又不能幹又不肯幹的。」「每個學生畢業都想做大元帥，都想做皇帝。」「如果跟日本這一仗打下來，我們幸而勝了，這個國家怎麼治啊？安得不亂啊？」「我們教育他們革命，是教育他們破壞的，沒有教育他們建設……」「自己原來想打天下」，到頭來發現「政治解決不了問題，軍事也解決不了，經濟也解決不了，宗教勉強還可以教化人……」。此時的南懷瑾甚至萌生了出家的念頭。也正是在這個時候（二十五歲左右），南師結識了自己的老師袁煥仙先生，堅定了自己參禪學佛的想法，從此開啟了自己別樣的人生。

峨嵋悟道：與佛結緣，發願接續中華文化之百年斷層

入峨嵋山閉關出成都作（癸未一九四三年作）

大地山河塵點沙　寂寥古道一鳴車
薰風輕拂蓉城柳　曉夢驚回錦裡花
了了了時無可了　行行行到法王家
雲霞遮斷來時路　水遠山高歸暮鴉

這首〈入峨嵋山閉關出成都作〉是南師離開成都時所作，也是南師自認的得意之作：「講作詩，這裡才開始。」另一首〈過龍門洞〉也是同一時期的作品：

穿雲衝破幾重天　蹤跡空留嶺外煙
試上龍門回首望　不知身在萬山巔

此時的南懷瑾，在恩師袁煥仙居士的點化、開示下，已經看破紅塵、一心向佛了。聽聞峨嵋山大坪寺有全部的《大藏經》，在普欽法師的幫助下，以「剃髮、不受戒、著僧衣」的方式，進入大坪寺「出家」修行（法號「通禪」）。自此，南懷瑾在峨嵋山大坪寺閉關三年，以每天二十～五十卷的閱讀量，兼作筆記，晝夜不息，閱覽了全部《大藏經》。及至三年後，南師出關還俗，抗戰已經勝利，而內亂未止。各路諸侯忙著爭搶勝利果實，而南懷瑾為了避開內戰紛爭，選擇了離開四川、遠走雲南（後自雲南經上海，轉杭州，歸故里省親）、遊歷講學，立誓接續中華文化之百年斷層。這首流傳較廣的〈自題〉詩（丁亥一九四七年作），較好地表明了南師當時的心跡：

不二門中有髮僧　聰明絕頂是無能
此身不上如來座　收拾河山亦要人

時年三十歲、回鄉省親的南懷瑾，在回答他父親關於對時局的看法時，即斷言「共產黨會統一天下」，並說這是「大勢所趨」。

初遊臺灣：天下之大，何去何從？

畫蓮（丁亥一九四七年作）

蓮葉田田花好時　蓮心苦處有誰知

可憐一顆西方種　陷向污泥無主持

眼看著國家陷於內亂，南師內心的悲愴之情油然而生，痛定思痛，於是決心去往離家鄉溫州較近的臺灣。坐了一天一夜的機帆船到臺灣，在旅館住了三個月，作為初步的觀察。於是有了這幾首〈初遊臺灣雜詠〉（戊子一九四八年作）：

其一

躲盡危機息盡狂　一葦東渡近扶桑
波濤洶湧三千界　何處龍星現遠方

其二

珠履櫻花海國春　千秋成敗等浮沉
何期蜀道歸來客　猶是天南萬感身

其三

十載身同萍梗輕　東西南北任縱橫
少年壯志消磨盡　贏得心如水鏡清

其四

聞道延平破浪來　八千子弟亦雄哉
滄桑歷盡漁翁老　如此河山更可哀

其五

任人疑忌任誹譁　沉醉蓬萊賣酒家
浪擲千金還一笑　憑欄無語問天涯

其六

基隆下雨台中晴　又是車廂一日程
遠客孤懷言不得　中原涕淚有蒼生

重回南京：躲避白崇禧，救巨贊法師

這個階段，解放軍馬上要過長江了，南懷瑾重回南京，聽說負責守長江的白崇禧正到處找自己，希望南師能助他一臂之力。於是，南懷瑾躲到江西廬山住了一段時間的「茅蓬」，這幾首〈廬山天池寺〉（戊子一九四八年作），表達了作者當時的心境：

其一

文殊塔頂月輪彎　獨立天池第一山
祇是片雲留不住　又為霖雨到人間

其二

南山雷雨北山晴　空谷流泉作吼聲
無意嶺頭雲出岫　有心天外月分明

其三

廬山夢陟好崔嵬　十載曾經兩度來
每過江西一惆悵　禪門寥落道門衰

從廬山下來，南懷瑾到百花洲，再回杭州，在老友巨贊法師（新中國成立後任中國佛教協會首屆副會長）的靈峰寺佛學院小住，得知國民黨杭州軍統站因懷疑其通共，準備抓捕巨贊法師，遂挺身而出，決定利用自己的特殊身份和影響力，再「走一趟南京」——從杭州站了三小時到上海，再從上海擠上去南京的火車，一路站了八小時的火車終於到了南京，為了救自己這個和尚朋友一命。彼時，戴笠已經死了，南懷瑾找到戴的一幫老部下、「把兄弟」，為巨贊法師打保票：「我絕對相信他的話。管他真的假的，為什麼一定要把這個和尚的頭拿下來呢？所以我親自到南京來了。」就這樣，南師拿著保釋巨贊的文書，從軍統手上把巨贊法師給救下了。而在此期間，南師也留下了〈靈峰閒居〉（戊子一九四八年作）兩首，從此真正告別了杭州，踏上了長達三十六年的羈台之旅：

其一

乾坤搖盪感春婆　石徑凝霜攜杖過
豈是留情峰上色　深秋黃葉已無多

其二

曲折盤根幾樹梅　虬鱗松下再徘徊
不知雲鶴高飛後　何日風塵歸去來

南師與「七都（堵）」的緣分

宿七堵法嚴寺（己丑一九四九年作）

浮生百感鬢添華　半日偷閒似出家
丈室雲煙參禪悅　漫天風雨舞龍蛇
寂寥古道空人跡　隱約雷聲走電車
依舊低眉開倦眼　江山如畫畫如麻

初到臺灣的南懷瑾，感歎臺灣是一片「文化沙漠」，連「一部《紅樓夢》也買不到」。中國文化在臺灣的重建，正是從他們這些人開始的。南師一生，與三個叫「七都（堵）」的地方有緣：一是溫州樂清家鄉附近一地名為「七都」；二是初到臺灣基隆附近一處地方名為「七堵」（「堵」通「都」）；三是南師晚年最後居住的地方為太湖邊的吳江「七都」。冥冥之中，似有前緣。

海峽阻隔：落寞與自況，思鄉、思親、思故人

讀客示嘉陵山水圖（己丑一九四九年作）

峨嵋山頂一輪明　照到人間未了情

回首嘉陵江畔路　心隨帆度蜀山青

眼看著國民政府的大批敗兵之將、散兵游勇，一路敗逃到臺灣，南師一邊招呼、接濟這些昔日趾高氣揚的軍政大員，同時生發出無限的感慨，也油然而生對家鄉故土的思念之情。

旅台法友祈禱貢噶呼圖克圖上師降誕法會頌詞

（丁酉一九五七年作）

其一

曾記雪山拜座前　破顏授我秘玄篇

其二

三玄推擊無言說　五乘提撕有別傳
衣鉢蓉城留夢影　花鈿滇海染塵緣
臨行俯耳叮嚀語　負荷艱難子自憐

苦海茫茫祝再來　百城樓閣待師開
雙垂玉筯傳蹤跡　一瓣心香拜劫灰
佛國山河終不改　魔宮伎倆已將摧
三生重話因緣日　頭白飛騎到講臺

這是南師的藏傳佛教師父貢噶活佛在大陸圓寂後，臺灣一班學佛的人給他舉行法會，南師寫的兩首詩，表達對故人的懷念。

丙午母難日懷雙親（一九六六年作）

空談懷想報慈恩　此恨茫茫欲斷魂

歷劫幾能全骨肉　對人不敢論亡存
寄情幻夢為真實　仰護平安託世尊
讀禮每慚言孝道　碧天無際淚無痕

丙午母難日偶成（一九六六年作）

故山隱隱入雲霄　春夢江南上下潮
依舊東風青草綠　愁多難遣是今朝

南師常說：「生日是母難日，不值得慶賀。」在其赴台後的生日詩作中，寫得最多的是憶母和懷念雙親的：〈癸巳母難日〉（一九五三年作）、〈辛丑母難日〉（一九六一年作）、〈辛亥母難日〉（一九七一年作）、〈丁巳母難日閱報知大陸旱災〉（一九七七年作）。海峽阻隔，骨肉分離，「對人不敢論存亡」。那種撕心裂肺的痛，無以言表。用南師的話說：「就是想母親了！」

遣興（庚子一九六〇年作）

其一

家國千秋業　河山萬里心
斜陽思古道　寥落撫鳴琴

其二

世界微塵裡　孤燈有所思
深宵空寂寂　獨聽雨絲絲

其三

吞吐清靈氣　心閒玉笈文
九還丹未熟　空負去來雲

其四

去國九秋外　支離二十年
風塵雙鬢改　心月一輪圓

這幾首感懷詩，體現了南師在那個特殊的時代，「心情很不舒暢」，也是詩人落寞心境的自況。

家事、國事、天下事

夜讀（己酉一九六九年作）

無端憂國又憂天　燈下攤書獨未眠
一局殘棋難落子　輸贏今古總茫然

這是南師在送小兒子赴美（後留學西點軍校）之際，有感於臺灣時事而作的。到了七十年代初，臺灣即將退出聯合國，那個階段人心惶惶，「外省人拚命出國，都想逃跑，認為臺灣完了」。也是在這個階段，南師出版了自己的代表作《論語別裁》，創辦了「東西精華協會」。

自題《論語別裁》初版（丙辰一九七六年作）

古道微茫致曲全　從來學術誣先賢
陳言豈盡真如理　開卷倘留一笑緣

丙辰冬月午夜定起書二偈（一九七六年作）

其一

憂患千千結　山河寸寸心
謀身與謀國　誰識此時情

其二

憂患千千結　慈悲片片心
空王觀自在　相對不眠人

蔣介石辭世時（一九七五年四月），南懷瑾以東西精華協會的名義贈送了輓聯：

勳業起南天　北伐功成三尺劍
神靈護中土　東方感德一完人

但是，南師說，「我真正給他的輓聯沒有送，那才好呢」：

留得剩水殘山　最難料理
際此狂風暴雨　正好收場

隨著蔣經國上台，南師因從年輕時即受小蔣關注，而他本人又決心遠離政黨、政治，因此選擇了閉關於鬧市，並萌生了去意（出國）。

丁巳中秋關中有寄（一九七七年作）

留亦為難去亦難　悠悠世路履霜寒
遙聞碧海吹魔笛　幾欲青冥駕彩鸞

不慣依人輸老拙　豈能隨俗強悲歡
禪天出定生妄想　何處將心許自安

這樣到了一九八五年，此時的南懷瑾，已經名滿寶島，門生故舊遍佈朝堂：「國民黨滿朝文武大多是我的學生，蔣經國很想我跟他見面，我始終避開。」甚至蔣對身邊人說：「這個南先生在臺灣好像是新政學系的泰斗。」「這個太嚴重了」，深知「功高震主」利害的南懷瑾，知道自己必須離開了，並於當年出走美國（一九八五—一九八八），後停留香港數年，終回歸祖國大陸。

首途赴美（乙丑一九八五年作）
不是乘風歸去也　只緣避跡出鄉邦
江山故國情無限　始信尼山輸楚狂

一生總結：聚散

對於自己的一生，南師認為自己的一首白話詩可以總結：

狂言十二辭

以亦仙亦佛之才　處半人半鬼之世

治不古不今之學　當談玄實用之間

具俠義宿儒之行　入無賴學者之林

挾王霸縱橫之術　居乞士隱淪之位

譽之則尊如菩薩　毀之則貶為蟊賊

書空咄咄悲人我　弭劫無方喚奈何

二〇一二年九月，南師在太湖南岸的「太湖大學堂」辭世，走完了自己九十五載的人生旅程。一首根據南師的小詩譜曲的〈聚散〉催人淚下，也寄託了無數學人對南師的深深懷念：

聚散

桌面團團　人也團圓
也無聚散也無常
若心常相印　何處不周旋
但願此情長久　哪裡分地北天南

二〇二〇年十一月十九日

參考書目：《我的故事我的詩》（臺灣南懷瑾文化出版）、《金粟軒紀年詩》（上海書店出版社）、〈南懷瑾先生的詩詞意境蠡測〉（喻學才）

讀《懷師的四十三封信》

八月讀到劉雨虹老師的博文，知道她要將自己與南懷瑾先生過去的一些往來信函整理出來，並結集付梓，既存史料，也有分享和警示後人的作用。尤其文中提及「許多陳年往事，甚至老師罵人的事」，雖作者強調「對於老師批評太嚴重的人，我仍然把他們的名字隱去」，卻也越發地激起了讀者的好奇心，當然也會包含部分南師子弟的惴惴不安……

九月中旬，中秋剛過，也正是在南師辭世七週年的紀念日子裡，竟收到了劉老師託人捎來的新書——《懷師的四十三封信》（臺灣南懷瑾文化出版的繁體字版），令我欣喜之餘，更加感佩：劉雨虹老師以近百歲高齡，仍堅持筆耕不輟，堅守著南師的文化事業，生命不止，奮鬥不息。這種雷厲風行的處事風格，雖年輕人不能及。相比於一些聒噪之徒，真天壤之別也！君子之風，不過如此。吾輩遇師若此，當欣於所遇，幸甚至哉！

劉老師的文風，一如她說話做事的態度，簡潔不囉唆，其以近百年之人生閱歷和體悟，追昔撫今，對人與事均有透徹認識，又因其性情率真、耿直，故有人親之喜之，亦有人懼之誣之。我想，劉老師將南師當年寫給自己的私人書信結集出版，正是以事實為據，還歷史以本源，實乃功德之舉也。

全書二百餘頁，前半部分除劉老師的「出版說明」外，分別對應南師居留寶島、羈旅美歐、暫留港島三個時期，南師寫給劉老師的四十三封信的文字整理及劉老師的按語說明，時間跨度從西元一九七七年至一九八八年末。書的後半部分，則是南師這四十三封書信手稿的彩色影印件，彌足珍貴。

我是一口氣把它讀完的，掩卷之餘，頗多感慨係之。

其一，家國情懷，使命擔當。

南師的這些書信，雖多為文字出版事與劉老師的交流、交代，但字裡行間，仍隨處流露深厚的家國情懷。尤其當其旅居歐美之時，身處異邦，人在異鄉為異客，表達了很多對西式文明的失望，進而更堅定其弘揚中華傳統文化的信心和決心。「心灰盡，留髮是真僧，風雨銷磨塵世事，最難妥貼對燃燈。情在不能勝。」憂患之意，奮發之情，躍然紙面。

其二，謹嚴治學，誠懇待人。

即使是在一九七七年，南師和劉老師也都已經是六十歲上下的老人了，萬里傳書，心心念念，交流溝通的多為文稿組織、辨學辨刊，甚至文字標點的校對，事無鉅細，不一而足。而當時的南師，已經是名滿寶島的大儒了。可以說，他們是在現身說法，向後輩學人示範做人做事、治學治文應有的態度。即便是南師對一些學生的批評之語，也是基於幫助提高的善意，又豈非他們的幸運。

而在世故人情方面，南師更堪為中國傳統文人的典範。以他的個性修為，最不願欠的是人情債，故做事妥帖，講究條理，凡事必有始終，囑事交代清晰無誤，罕有疏漏。然對於一些他認為不成熟、不妥帖的文稿，則是堅決反對刊印，以免誤人害己，足見其治學之謹嚴。

其三，文以載道，詩以明志。

按劉雨虹老師的說法，南師是百年罕有之通才。其學問修養涵蓋之廣、實證之深、體認之切，百年來無出其右。出世入世、融會貫通，究百家之變，成一家之言。而其在詩詞方面的才能，卻是常被人忽略的。其實，透過這些詩詞，恰最能看出南師在其時其地的心路歷程、情志所屬。就在給劉老師的這數十封信中，隨處可見南師當時的一些詩作，讀來更勝千言萬語。摘錄一二：

留亦為難去亦難　悠悠世路履霜寒
遙聞碧海吹魔笛　幾欲青冥駕彩鸞
不慣依人輸老拙　豈能隨俗強悲歡
禪天出定生妄想　何處將心許自安

又到禪關報歲闌　郵亭迢遞盡書丹
故園草長鶯啼處　客路清夷鵬翼安
世事早隨今昔改　問心已了有無觀

朝來自把神光照　鶴髮童顏一笑看

道出大西洋賭城

風雲催客出三台　策杖閒觀舊戰嵬

何必賭城始論賭　人生都是賭輸來

丙寅元宵後一日

稍煞寒威雪猶封　蓓蕾百卉待春容

傳心辜負西來意　浮世難留過客蹤

又見白宮播木偶　常憐黃屋走蛟龍

鈴聲莫問當前事　萬里飛鵬愁萬重

其四，暫借枝棲，志在回歸。

南師自一九四九年初離開大陸，其後三十六年居留臺灣，後輾轉歐美三載，於一九八八年初返抵香港，從信函中不難看出，其回歸大陸、弘揚中華傳統文化的意志已定，而香港一站應是其回歸前的落腳點而已。

觀其一生行止，多有漂泊離散的感慨，身邊雖不乏追隨供養者，終難免有「暫借枝棲」的感歎，而其晚年回歸大陸，於太湖之濱結廬授課，正有葉落歸根之意。南師畢生布施無數，傳道授業解惑，受教者遍及宇內，然得其精髓者寥寥，更不用說能承其衣鉢，此其至憾也！劉老師作為南師的同輩「道友」，雖執弟子禮，卻是難得的知音、知己，畢竟年事已高，每每慮及於此，她也只能是搖頭歎息。

願南師的文化精神千古永存！

二〇一九年十月

黃書記：你真不得了！
把那封信這本書，看得
最透徹，見地高啊！

劉雨虹寫
2019年十月21日

劉雨虹先生閱畢此文寫給作者的便條

「退」而不「休」的劉老師

劉老師，南師的總編輯——劉雨虹先生之謂也。在眾多親近南師的學友、師長中，於治學、於生活，劉老師的執拗和執著都是出了名的，一旦她認準了的事情，十頭牛也是拉不回來的。比如，劉老師不肯慶祝生日；不喜油膩食物，偏好清淡寡食；不願住醫院忍受那個特別的味道；不喜歡接受採訪或訪談；不願受任何組織或機構的約束，喜歡自由自在的生活……然而，剛剛過去的這個庚子年（二〇二〇），一切似乎慢慢有了一些改變，一切又恰在情理之中。

劉老師慶生了

二〇二〇年七月中旬，我在外地出差，錯過了劉老師百歲生日（農曆五月廿一日）的日子，沒想到卻意外收到劉老師捎來的禮物。我寫了一篇〈百歲老人的生日禮物〉，表達我的敬意和感激之情。沒過幾日，又接到劉老師的電話，先是對我的賀壽文章表示肯定，緊接著卻說：「別人都給我寫了賀壽的詩，你也寫一首吧，正好可以結個集子。」正在我猶豫支吾之時，大概是怕我有顧慮，劉老師又說：「你不要有負擔，就寫個打油詩好了。」我想這應該是劉老師對我文章的獎勵，也就不再推辭，偷偷向宏忍師索要了其他學長的詩文過來，先偷師學習一番。終於憋出了幾首「打油詩」，由劉老師挑選一首，算是入選了這本《百歲賀壽詩文集》：

賀雨虹先生百齡壽辰

人生百歲不稀奇
忘生忘死忘自己
半世義工沐師恩
披肝瀝膽一编輯

劉老師住院了

二〇二〇年九月下旬，我去上海香港三聯書店，參加一個與南師相關的主題讀書會，行前受託去往廟港「淨名蘭若」，取劉老師的私人印鑑。卻正遇上劉老師身體不適，未曾謀面。考慮到劉老師已屆高齡，大家都不敢怠慢。在一眾學友的動員、勸說下，劉老師終於同意去上海某醫院住院調理一段時間。但在醫院住了不長時日，她便急著要回「淨名蘭若」，好在有緣谷集團呂松濤、劉梅英夫婦悉心安排、照顧，總算是有驚無險，安然度過。這可能是劉老師為數不多的一次住院經歷。

劉老師退休了

早在二〇一九年末，就聽劉老師說，接下來的二〇二〇（庚子）年會有一些「麻煩」。也許，正是出於對人世無常的這份洞察，劉老師終於下決心把肩負的文化使命重擔交付給身後的年輕人了。聯想到不久前（二〇二一年一月六日）劉老師宣佈正式「退休」的聲明。可見老人是在給自己做最後的「安排」。也不難看出，通曉易理的劉老師對人生的練達與豁達。

百歲老人的「退休」聲明，讀來讓人唏噓感歎，自愧弗如。當大多數人退休後終日碌碌、無所事事的時候，一個百歲老人卻仍孜孜不倦、筆耕不輟。

劉老師出《訪談錄》了

辛丑年的大年初三（二〇二一年二月十四日），又逢西方的情人節，我如約來到太湖南岸七都廟港的「淨名蘭若」，看望劉雨虹老師。這也讓我記起了二〇一二年二月十四日的夜晚，在太湖大學堂與南公懷瑾先生一起度過的那個「情人節」，還意外收到了南師「情人節的禮物」。一晃已近十個年頭了。劉老師照例分享了她的一本新書，這次是別人對她的訪談錄，書名用了南師寫給劉老師的一幅字「照人依舊披肝膽，入世翻愁損羽毛」。南師的這幅字一直掛在劉老師客廳的醒目處，看得出劉老師對它的重視和珍惜。

而我則別有一番滋味在心頭：劉老師輕易是不願接受訪談的，尤其還是關於她自己的人生往事。我想，她之所以願意接受訪談，大概是她對大家的另一種交代吧。縱觀劉老師的一生，可以用「波瀾壯闊、跌宕起伏」來形容。而老人也常以「忘生即忘死」來介紹自己的長壽之道，她更在訪談中說：「假如我涅槃了，離開這個世界時，請大家為我歌唱。」這份豁達與通透，讓人動容。

這就是我所認識的劉老師：一生傳奇，卻質樸無華；顧惜羽毛，更披肝瀝膽。雖言「退」，卻從未「休」。願劉老師健康長壽，福澤綿延！

二〇二一年二月二十日

百歲老人的生日禮物

七月十一日（農曆五月廿一日），我正準備前往外地出差，突然收到南國熙先生（南師四子）從香港發來的微信：「今天是劉老師的農曆生日。」我當時愣在那裡：百歲老人的生日，無疑是特別值得慶賀的，雖說早知道劉雨虹老師今年百歲了，我卻並未瞭解過具體的生日是哪天，以至出現今日的尷尬。

作為「南師的總編輯」，劉雨虹老師是南師眾多學生中較年長的一位，也是深受大家尊敬和愛戴的一位老師和學長，從劉老師身上，可以感受和延續南師的文風、學風。我本人也深受劉老師的啟發和教育，獲益匪淺。

國熙兄此時的短信提醒，應該也包含了希望我們這些在劉老師附近、身邊的學友，可以多承擔起照顧、呵護老人的職責。畢竟由於受新冠肺炎疫情的影響，南師的大部分學生、子弟身在異國他鄉，無法回到太湖邊七都廟港的「淨名蘭若」，陪伴劉老師度過一百歲的生日。

而我雖說上個月剛去看望過劉老師，可那畢竟已是時隔半年的唯一一次探訪（上一次見面還是在去歲己亥年的臘月），難怪劉老師一見面就說：「你有多久沒來看我了？」雖是調侃語氣，卻多少有些責備之意。

可我出差的行程已定，無法更改。於是，我只能「偷偷地」原諒自己：好在劉老師同南師一樣，也是極不看重慶祝生日這樣的形式的，劉老師自己還寫過文章，介紹長壽、養生的經驗之一，便是「忘生（生日）即忘死」。相信她老人家不會責怪我的疏忽的，還是等我出差回來，再登門謝罪吧。

在出差期間，我也一直思忖：應該準備一個有意義的禮物，給劉老師補作賀禮和賠罪之用。

孰料，我出差的行程尚未過半，就接到了沈遠林先生（原七都鎮統戰委員）打來的電話，說是劉老師有一份禮物存在他那兒，等我出差回來即拿來送我。讓我既受寵若驚又慚愧莫名：自己沒給「壽星」送禮，卻先收到了「壽星」的禮物，真正是折煞我也！

細問之下，才知這是劉老師將自己過生日所收到的禮物，拿出來與大家分享。而我收到的是一份壽桃點心，因為是時令食物，劉老師還特意關照要冷藏保存，以免變質吃壞肚子。頓時，一股暖流湧上了心頭，俗話說：「大人不記小人過」，這就是我所熟悉的可愛又可敬的劉老師。而我先前的不安和歉疚，倒顯得有些小家子氣了。

出差歸來，我迫不急待地將劉老師所贈的這份「特殊禮物」與家人及同事分享，讓大家一起沾一沾百歲老壽星的「仙氣」。

而我也想起了當年在太湖大學堂，收到南師的「情人節的禮物」。不同的時空場景，一樣地溫暖感人。兩位世紀老人的人格魅力可見一斑。

而我終究也沒有想好可以送什麼給劉老師作禮物。或許，就以這篇短文，向可愛的「〇〇後」——劉雨虹老師祝壽、致敬吧！

二〇二〇年七月二十二日

賀 雨虹先生百齡壽辰

人生百歲不稀奇
忘生忘死忘自己
半世義工沐師恩
披肝瀝膽一編輯

晚生 查旭東 敬拜
庚子年仲夏月乙卯日
（二〇二〇年七月十一日）

附：

查旭東先生是南師時代就在七都廟港工作的，由於懸掛了趙樸老所寫「太湖禪林」的匾額，南師說他應在此工作八年，所以他與南師的學生們都很親近，也幫忙大家很多。

在寫詩之前，他還洋洋灑灑寫了一篇長文公佈。他待人積極又熱心，尤長於文墨，看見眾人寫詩，他也趕快賦詩一首，很有味道。

由於他是七都書記時與大家相識的，所以大家至今仍稱他為查書記。

——劉雨虹記

（選自劉雨虹《百歲賀壽詩文集》）

法乳深恩

——追憶劉雨虹老師

痛失良師

辛丑年的八月初五（西元二〇二一年九月十一日）中午十二時五十分，劉雨虹老師走完了她一百零一歲的人生旅程，揮手告別了人世。消息來得突然，卻也在意料之中。今年初（二月二十日）我在寫〈「退」而不「休」的劉老師〉一文時，已隱約感到了這一天即將到來。但當這一天真的來臨時，又覺得是那麼不真實、不可信。九月十二日下午，我來到劉老師床前，做最後的告別，一如往常地呼喊：「劉老師，我來看您了！」卻再也聽不到劉老師爽朗、清脆的話音了。

毫無疑問，劉雨虹老師是繼南師之後，我生命中遇到的第二位明師：是「經師」，更是「人師」！每次去「淨名蘭若」見劉老師，總感覺時間過得飛快，覺得有說不完的話，內心總在多待一會兒和怕影響老人休息之間糾結，總是不情願地起身道別。而劉老師的隻言片語，總能擊中心扉，讓人茅塞頓開！從此，世間少了一位可敬可愛的長者，而我又少了一位可以時時請益的老師。再沒有機會陪劉老師嘮家常，再不能請劉老師幫我把關文稿、指點迷津。一種莫名的孤獨籠罩著我，我終於明白，世間有一種痛，叫痛失良師！

指導寫作

作為「南師的總編輯」，劉雨虹老師的國學修為和文字造詣都是毋庸置疑的。大家看南師的書，覺得輕鬆、舒服，離不開劉雨虹老師等一眾編輯的艱辛勞動和默默付出。這些與劉老師扎實的文字功底、深厚的家學淵源都是密不可分的。

而我的第一本文字作品《說不盡的南懷瑾》，也正是在劉雨虹老師的反覆鼓勵和一再催促之下才完成的。更難得的是在作品定稿之前，前後六次由劉老師認真批改，大到框架結構，小至標點符號、錯別字，劉老師都提出了具體而細微的修改意見。從中不難看出，老一輩的文化人對於文字是何等嚴謹。我也終於相信，好文章是改出來的。及至書稿完成，劉老師還親自幫我聯繫、推薦出版單位、責任編輯，那份認真負責的態度，絲毫不亞於對待南師的作品。她甚至替我向出版社「打包票」：「第一版印五千冊太少了，二版可以加印兩萬冊」，結果果然如劉老師所言，初版不到兩個月就售罄，馬上加印了第二版。劉老師的這份信任和關愛，既讓我受寵若驚，更讓我倍感幸福和滿足。

此後，每當我將所思所得欲訴諸文字，總會第一時間提交給劉老師審閱，而她總能提出客觀、中肯的意見。於我，這既是一種偷懶，也是一份依賴。只要是劉老師首肯的文章，也就可以放心無礙了。

接續傳承

南師之後，劉雨虹老師事實上成了廣大南師學生和「南粉」們的「主心骨」，既因為她的年齡，更因為她的學養和道德。當然，輕易她是不願意干涉大家各自的學習的，而當大家意見不一致的時候，劉老師總能一語定乾坤，讓大家心悅誠服。南師走後，社會上林林總總的關聯南師的文化機構、公眾號等，其中也有與南師相關的企業或個人發起的，良莠不齊、真偽莫辨，事關文化傳承和南師清譽。劉老師深知文化的嚴肅性和敏感性，而她年事已高，又是臺灣籍，自然不願介入其中。

二〇一六年秋，南師辭世四週年之際，江蘇省台辦和蘇州市有關領導提議、劉雨虹老師附議，由地方政府、機構（七都鎮和吳江區社科聯）共同發起成立了「南懷瑾學術研究會」。當時劉老師把我（時任七都鎮書記）找去，落實交辦相關事宜，並推薦由已經退休的朱清時院士擔任首任會長，而她也願意擔任名譽會長。從此，關於南師的學術研究工作有了一個正式的、官方的平台，也逐漸得到了各方的認可。

俠肝義膽

有些時候，劉雨虹老師也有著俠肝義膽的「俠女」風範，恰如南師所言：「照人依舊披肝膽。」

在二〇一六年前後，圍繞南師身後事的一些訴訟糾紛，也招致了各方的「關切」。雖然我同劉老師一樣，都秉持勸和促談的態度，怎奈「樹欲靜而風不止」，居然有人把我也「告」到了有關部門甚至「巡視組」。當劉老師聽說之後，她不再保持沉默，而以她特有的方式表達了對我的支持。

記得那天劉老師當面遞給我一張列印了文字稿的A4紙，對我說：「這是我為你的書寫的〈出版說明〉，你拿去用吧。」因為之前我也向劉老師表達過，希望她能為《說不盡的南懷瑾》寫幾句話，而劉老師已經婉轉拒絕了。這突然的轉變讓我喜出望外，又覺得必定事出有因。果然，事後瞭解，劉老師是在用文字的方式，為我「講幾句公道話」。難怪，在劉老師的這篇〈出版說明〉中，對書本身只一筆帶過，剩下的文字，全是對我個人的評價，並且引用了南師對我的肯定。雖只寥寥數百字的短文，拳拳之心，躍然紙上。劉老師的菩薩心腸、雷霆手段，讓人嘆服。

「春色牛眠」

眾所周知，劉雨虹老師對易經、命理、相面、風水等是有研究的，並形成了自己的獨到見解。過去，當有訪客想向南師問詢前途、占卜吉凶時，南師經常會把他們引薦給劉老師，當然劉老師也會巧妙應對，這從《禪、風水及其他》一書中，即可窺見一斑。而我本人對命相之學是並不在意的，因此，雖有很多機會見劉老師，卻從未要求劉老師為自己算卦、看相，總覺得記住「一德二命三風水四積陰功五讀書」就夠了。

一次（大約是二〇一七年前後），在「淨名蘭若」劉老師的客廳裡，宏忍師對我說：「劉老師看了你的八字，想不想聽劉老師說說？」頓時激起了我的好奇心。原來，劉老師從我的同事那兒得知了我的生日時辰，從《四字斷終生》中找出「春色牛眠」四個字，並解釋說：「你是牛的命，不過好在還有草吃，不算太苦。」引來大家哈哈一笑。我也知道，這是劉老師對我的肯定和鼓勵。其實，劉老師自己才是真正的「孺子牛」，只問耕耘，不問收穫。

轉眼到了二〇一九年的臘月，一天劉老師對大家說：「接下來的庚子年（二〇二〇）會有麻煩，大家要準備過難關。」及至新冠肺炎疫情來襲，始覺劉老師一語成讖，所言非虛。

關心時事

劉雨虹老師的一生堪稱傳奇。年輕時參加過抗敵（日）宣傳隊，就讀過中共陝北公學栒邑分校、延安本校，一九四七年畢業於南京金陵大學。一九四八年底入台，先後任華僑通訊社記者，美軍顧問團翻譯十數載，閱盡滄桑巨變，看慣世態炎涼。

一九六九年始，追隨南懷瑾先生，參與創辦《人文世界》雜誌和老古出版社，記錄整理出版南師數十部著作，自謂「南師永遠的義工」。南懷瑾先生則稱其為「自己的總編輯」，二位「亦師亦友」「半師半友」。

印象中，晚年的劉老師除了繼續做好南師文化事業的編輯「義工」工作外，對於社會時事也是非常敏感和關心的，尤其是中美、兩岸關係的時事新聞，更是時刻縈懷。

每次與劉老師相見，她總希望能從我們這兒多瞭解一些外面的新鮮事、新近的變化，對於一些重大的時事政治，她總能發表自己的一些獨到見解。特別是說到兩岸關係時，老人家的急迫之情更是溢於言表，她會說：「你們要抓緊啊，現在島內的天然獨、自然獨越來越多了。」

自撰壽聯

二〇二〇年七月十一日（農曆五月廿一日）是劉雨虹老師的百歲生日，她收到了眾多學友從各地發來的賀壽詩文，而劉老師則專門將大家的賀壽詩整理、刊印了一本《百歲賀壽詩文集》，再寄發給大家。令人感動的是，每篇賀壽詩作的後面，劉老師都附了自己對作者其人、其文（詩）的「點評」文字，這可能是比賀壽詩本身更彌足珍貴的。也可能是對大家的詩作猶感不足，劉老師又親筆給自己寫了一副壽聯：

忘年忘生忘自己　過去不留
念佛念法念師恩　未來久遠
橫批：我是誰

不久，我接到袁保雲（劉老師女兒）的來電，說劉老師希望我能把它寫成六尺紅底的豎軸，作為書法「門外漢」的我接到這樣的任務，只得勉力為之，所幸劉老師並不在意書法本身，可能更多是出於對我的那首賀壽詩「人生百歲不稀奇，忘生忘死忘自己。半世義工沐師恩，披肝瀝膽一編輯」的讚許和認同吧。

劉老師自撰的這副壽聯，也是對她一生最好、最客觀公正的評價。正因如此，在二〇二一年九月劉老師走後，治喪委員會一致認同，將劉老師親筆的聯句作為大家送別劉老師的輓聯。

最後交代

時間進入二〇二一年，辛苦奔波了一個世紀的劉雨虹老師，似乎真的是想歇息了。從年初（一月六日）的〈退休聲明〉，到三月初繁體字版《照人依舊披肝膽　入世翻愁損羽毛——劉雨虹訪談錄》的出版，尤其她在訪談中說的「假如我涅槃了，離開這個世界時，請大家為我歌唱」，聞之令人動容。一切似乎都在預示著這一天的到來：劉老師準備離開我們了。

二〇二一年五月四日，適逢五四青年節，我如約再次來到七都廟港「淨名蘭若」——劉雨虹先生在大陸辦公、生活的寓所。而這次的往訪，我還承擔了一個「特殊的任務」，就是要和其他幾位學友一起，共同為劉老師做她口述遺囑的見證人。當我把記錄的遺囑內容複讀給老人聽，她安詳地聽完，平靜地在上面簽名，並與大家現場合影存證。然後繼續與大家談笑風生，一如往常。彷彿這只是一個普通的下午。

斯人已去，音容宛在。法乳深恩，永生難忘！

二〇二一年九月二十九日

第二篇 公門修行

臨別感言

七都的各位同事、朋友和鄉親們：

大家好！

終於要和大家說再見了。臨別之際，不及一一道別，怕徒增傷感，但又確有許多的感慨。就以這篇感言，與大家集體話別吧。

自二〇一〇年八月履職以來，我在七都鎮黨委書記這個崗位上已經跨越八個年頭，待了整整六年零十個月，接近兩千五百個日日夜夜。有幸成為七都歷史上，也是目前吳江各板塊中，任職時間最長的鄉鎮書記。在我人生最寶貴的這段歲月裡，能夠與七都、與大家結緣，是我的榮幸，也是我最大的收穫。

從到七都工作的第一天起，我就把七都當作自己的家，把大家當成我的家人，把自己當成這個大家庭的一員。這些年來，在大家的愛護、支持和幫助下，在歷屆前任打造的良好基礎上，我做了一些力所能及的工作，並努力把七都的工作做多些、做好些，多一些有意義的留存，既是回饋組織的信任和培養，更求對得起這一方水土和人民，對得起自己所處的崗位職責。

七都的自然資源、產業特色、人文稟賦，從吳江乃至更大範圍看，也是獨特優異、不可多得的。這也是我始終小心翼翼、心懷敬畏、傾心盡力去做好本職工作的原因，生怕因自己的無知無畏，而怠慢了這塊土地和這方百姓。

這些年，我一直以「有文化地做事，做有文化的事」要求自己，努力為七都做好「加法」，不做或少做「減法」。在大家的共同努力下，七都的知名度、美譽度有了一定的提升，「太湖七都」的品牌，「精緻小鎮，從容七都」的理念，「太湖國學講壇」、「太湖迷笛音樂節」的打造，「三張榜單」、「兩張清單」的做法，也逐漸在區域內外產生了一些影響。當然，也有一些負面的、不和諧的聲音存在……這些都發生在我的任內，我不敢居功，但也絕不諉過。

回首這六七年，雖說七都在各方面取得了些許進步和成績，卻也遺憾頗多，只能留待後來者去完善提升。如果大家勉強可以給我的工作打六十分，我也知足了。

而我個人在七都最大的收穫，莫過於結識、結緣了一批志同道合的同事、真誠拚搏的企業家和寬容友善的七都人民。特別是在履職之初，得到了已故的七都老書記沈榮泉同志的無私幫助。而與南公懷瑾先生在太湖之角的結緣，則是我人生的一大幸事，他的諄諄教誨、言傳身教，必將使我受益終身。

對於為人處世，我始終堅信：做人簡單一點，做事考慮得複雜一點。我也深知自己的個性太強、作風太硬、為人太真，應該屬於官場的「另類」甚或「異類」。也因此固囿，在工作中難免對大家有不當、不妥或不近人情之處，怎奈「江山易改，秉性難移」，也只能在此一併致歉了！

「天下無不散之筵席」，縱有千言萬語，也無法完全表達我對七都的牽掛。好在我雖然離開，卻並未遠行。在今後的歲月裡，我將一如既往地關心、關注這片土地，祈願太湖七都的明天越來越美好！

最後，衷心感謝大家這些年的陪伴和支持！感謝大家對我的理解和包容！

再見了，七都！

查旭東

二〇一七年六月

在南師的影響下……

二〇一七年五月一日下午，太湖之畔的廟港「淨名蘭若」小院內，南懷瑾學術研究會一場特殊的理事會如約舉行，在名譽會長劉雨虹先生的見證下，會長朱清時院士，副會長宗性法師、李慈雄董事長、呂松濤董事長，副會長兼秘書長馬宏達先生，南師子女代表南小舜、南國熙先生，以及部分南師學生代表等，一眾十餘人與會，圍繞一個主題：南師百年誕辰活動的安排與組織，大家相談甚歡。

我這個南師的「編外學生」有幸旁聽、參與了會後的部分活動，受大家的啟發和感動，也欣然領受了一個「特殊」的任務，即完成一篇自己的文字作業，向南師百年報告。

在一眾大師級的南師學生面前，我能夠，也唯一有資格報告的，也許就是我如何在南師的傳統文化思想影響下，開展好一個鄉鎮的基層治理工作。

畢竟，在南師生前身後，我在七都鎮黨委書記的這個崗位上整整工作了七年，對於基層尤其是鄉鎮工作，還是有一定的發言權的。

我在七都的這段任職經歷，特別是與南師交集、受南師影響的這段歲月，都是彌足珍貴的。我想，把我這些年在七都工作的所思、所為、所感，訴諸文字，應該也是南師希望看到的，也算是對於傳統文化各自傳承的一個體現吧。

之前，在劉雨虹老師的督促和幫助下，我完成了自己的第一份書稿《說不盡的南懷瑾》，並在兩岸先後發行了簡體字、繁體字版，算是交代了我個人及七都與南師的交集。

受劉老師及一眾學長的鼓勵，我鼓起勇氣，決心將自己在基層的實踐和思考述諸文字，定位在「如何在南師及傳統文化影響下，開展鄉鎮治理的實踐和思考」，並結合整理我近年來在部分高校、黨校授課和給單位年輕幹部培訓的課件內容，形成了這份書稿。

南師生前也曾鼓勵我做這件事，他說：「你應該把在基層的實踐和思考寫下來」，但彼時我剛到鄉鎮工作不久，又覺得好多話題太敏感，故而拖延塞責了。值此南師百年誕辰之際，又適逢我告別鄉鎮工作一週年之時，我想也是時候對自己的鄉鎮工作經歷作一個梳理回顧，算是給自己的一個小結，也以此告慰南師，回應南師的教誨和囑咐。

令我不安的是，這些文字，原本粗淺，內容也確實單薄，但好在有劉雨虹老師的支持、鼓勵和「淨名蘭若」眾多師友的幫助，我在講義整理的基礎上，按書稿的要求，再作進一步的擴充、修改。如此寫寫停停，終於有了眼前的這些文字，勉強算是補交給南師的一份遲到的「作業」。我也衷心希望，這些「入世」的實踐和思考，能夠對同道中人、後來者有一定的啟示和助益。

二〇一八年三月

文化自信靠什麼？

「文化自信」這四個字，在我們中國人的記憶中，已經消失了很久，是一個很遙遠的概念了。在很長一段時間（可以說近百年）裡，我們是羞於、恥於談「文化自信」的。正像南懷瑾先生生前經常談及的，近代以來，在經濟、科技和軍事等許多方面，都落後於西方世界，遭受西方列強的欺負和侵略，導致國人在思想、精神層面的極端不自信，甚至是自卑，進而遷怒於我們的老祖宗，遷怒於中華傳統文化，尤其是儒家思想，繼而提出打倒「孔家店」，推翻舊文化。分不清，也不願分清哪些是中華傳統文化的精華，哪些是穿鑿附會的糟粕，把精華和糟粕一起拋棄，「就像倒洗澡水把小孩子一起倒掉了」。

核心價值觀

二〇一二年十一月，中共十八大報告從國家、社會、公民這三個層面，歸納了十二個辭、二十四字組成的「社會主義核心價值觀」。而領導人也曾經指出：「社會主義核心價值觀的源泉，一定來源於中華優秀傳統文化……」

由此我想到，在「社會主義核心價值觀」之上，應該還有一個「中華民族共同價值觀」，而這個價值觀，應該是能夠統領我們整個中華民族的，包括「一國兩制」下實行資本主義制度的香港、澳門和海峽對岸的臺灣人民，以及海內外一切中華兒女。那麼，這個價值觀就必定離不開中華優秀傳統文化，至於怎麼表述，筆者不敢妄言，但我想，這一定是經歷了時間和歷史的檢驗，為我們全民族所共同認同的，並能夠團結和凝聚我們全體華人的民族自豪感、自信心的。

我想，如果要以一個人的名字來概括和代表我們的中華傳統文化，這個人一定是「萬世師表」的孔子，否則就不會有那麼多揚名海外的「孔子學院」了……

「孔子學院」

近年來，隨著我國國力和影響力的提升，遍佈全球各地的孔子學院如雨後春筍般地發展起來，我們的領導人出訪，也一定不忘到訪相關國家的孔子學院，以彰顯我們的文化影響力，吸引各國學子學習和借鑑中華優秀傳統文化。

正是孔子在中華文化歷史長河中的獨特地位，他在全球範圍內的影響力非他人可比，決定了是孔子而非其他任何人可以成為中國文化的代言人。「孔子學院」也成為代表中國的一張獨特文化名片。

現階段美中不足的是我們遍佈海外的孔子學院，更多仍只停留在教習漢語、漢字等的語言學校的階段，能夠體現中華文化精髓的也只有書法、武術等個別項目。當然，欲速則不達，這需要一個循序漸進的過程。

更加讓人覺得遺憾的，則是放眼我們國內那麼多大學，普遍設立了馬克思主義學院，卻沒有一所自己的孔子學院來系統研究、教習中華傳統文化。雖然個別高校也有國學院、國學研究所之類的機構，卻終非普遍、系統，這不能不說是一大缺憾。

當然，我不是主張簡單地復古、尊孔，但如何讓中華優秀傳統文化在國內首先實現進課堂、進教材、進入尋常百姓的日常生活，確實是一個值得加以研究和推廣的課題。否則，如果只是「牆內開花牆外香」，我們的文化自信終究是缺少根基，也是難以為繼的。

有信仰，知敬畏

人有信仰，方知敬畏。

南懷瑾先生曾說：「中國人最大的信仰，是祖宗信仰。」無論是否信仰宗教、鬼神，國人對自己的先祖大多是崇敬的。每逢清明、冬至、春節等重要時節，都有祭祀祖宗、先人的習俗。遇到大災小難，人們除了祈求「菩薩保佑」，也要祈求「祖宗保佑」，事後也不忘「告慰先祖」。

可見，一個中國人，可以不信教、不敬神、不怕鬼，但一定敬畏祖宗。正因為如此，在國人眼裡，對他人祖宗的「大不敬」是最犯忌的。

一段時期以來，「誠信缺失」廣受詬病，它暴露的是人們的「信仰」「敬畏」出了問題。由此想到另一個關於「信仰」和「敬畏」的問題，那就是作為「無神論者」的共產黨人，又該有怎樣的信仰和敬畏？

在反腐敗「三步走」中，最難的應該是第三步「不想腐」的問題。如果說，靠高壓打擊解決的是「不敢腐」的問題，靠制度防範解決的是「不能腐」的問題，那麼要從思想根源上解決「不想腐」的問題，則一定離不開信仰和敬畏的力量。

只有當廉潔自律的意識、貪腐可恥的觀念、修齊治平的修養成為每一個公職人員的自覺追求、人格底線，才能真正從頭腦深處根治貪腐的基因。

一個可喜的變化：本屆政府的各級選任官員，在任職之初，增加了「憲法宣誓」的環節。其所傳遞的，應該就是希望各級官員做到對國家的忠誠、對人民的信仰和對法律的敬畏。

當然，信仰的堅守、敬畏的確立，絕非一朝一夕之功，更離不開中華文明、傳統文化的浸潤和影響。

傳統文化是什麼？

在方興未艾的「國學」熱中，有一個概念經常被大家疏忽。那就是，「國學」到底是什麼？它都包含哪些內容？按南懷瑾先生的話說，「國學」並非中國獨有，各個國家都可以有自己的「國學」，而我們的國學就應該是指「中國國學」，或者叫「中華傳統文化」。

那麼，中華傳統文化究竟又是指什麼？

必須承認，中華傳統文化知識浩如烟海，多少大家終其一生也未必能窺得一二。要回答這個問題，遠非我輩力所能及。但釐清一些基本的概念，還是可能的，也是必要的。否則，若認為研究和傳承中華傳統文化只是少數文人學者的專利，就會遺患無窮了。

所謂「道不遠人」，真正的優秀傳統文化並非曲高和寡，而應該是我們每個人都可親、可近、可感的。

中華傳統文化所包含的內容應該是非常寬泛的。它既包括普遍認同的諸子百家、經史子集、儒釋道等國學經典，也應該包含上下五千年（或為三千年）的中華歷史。

此外，還有一個重要的方面，恰是經常被忽略的，或者被認為是登不得大雅之堂的，就是歷代流傳下來的評書演義、傳奇故事、民間傳說，乃至治家格言、家風家訓……而這方面的受眾恰恰是最廣泛的，也理應被納入傳統文化的範疇。

中華傳統文化應該是涵蓋了中國歷代經典（知識）、歷史（正史逸聞）、經驗（學問）的總集。

至於知識與學問的關係，南懷瑾先生在《論語別裁》中說過：「學問不是文學，文章好是這個人的文學好；知識淵博，是這個人的知識淵博；至於學問，哪怕不認識一個字，也可能有學問——做人好，做事對，絕對的好，絕對的對，這就是學問。」

可見，有知識不等於有學問，更不代表有文化。

學經典的「捷徑」

眾所周知，中華傳統文化浩如烟海，即便是其中的經典，也堪稱汗牛充棟。作為普通人，我們不是專家、不是大師，如何在有限的生命內，盡可能多地去瞭解和接觸這類經典，學習精髓、掌握要義，不走或少走彎路，無疑是眾多國學愛好者關注的問題。那麼究竟有沒有這樣的捷徑，或者說「方便法門」呢？

其實眾多的國學大家已經為我們開列了許多入門的優秀經典的書目、書單，可以讓我們少走許多彎路，直入「方便之門」。

南懷瑾推薦中國文化經典書目：

（一）三百千千（《三字經》《百家姓》《千字文》《千家詩》）；

（二）《文字畫研究》（呂佛庭）《御定康熙字典》（線裝本）

《新修康熙字典》《遠東國語辭典》（臺灣版）；
（三）《幼學瓊林》《古文觀止》《龍文鞭影》；
（四）《增廣詩韻合璧》《古詩源》《宋元詩評註》《清詩評註》
《隨園詩話》；
（五）《古文辭類纂》（安徽桐城姚鼐編）《續古文辭類纂》《經
史百家雜鈔》（曾國藩編）；
（六）《古今圖書集成》（康熙、雍正時期編，稱為「康熙百科全
書」）；
（七）《綱鑑易知錄》（這是一部中國通史，作者吳楚材，編過
《古文觀止》，做過私塾先生）；
（八）《兒童中國文化導讀》（一～三十六冊）《兒童西方文化導
讀》（一～四冊）（臺灣老古文化公司編輯）。

這是南老師在給中國人民大學國學院的師生授課時開具的一個書單，我

想它也應該是適用於我們普通的國學愛好者的。

南老師是這樣說的：「我給你們開一個書單，教你走捷徑，可以快些進入中國文化的寶庫，也可以懂一點西方文化了。」

而我個人，則更願意推薦南懷瑾先生自己的文章著述。因為對我們這些在簡體字、白話文環境下成長起來的人而言，與古人直接對話的能力已經很弱了，而南老師的書，涵蓋了儒釋道史經典要義，正可以幫助我們把老祖宗的東西以清晰直白的方式讀懂、讀透。

入門推薦：

（一）《論語別裁》（先生代表作，帶領當代中國人尋根）；

（二）《金剛經說甚麼》（深入淺出，闡釋經典中的經典）；

（三）《人生的起點和終站》（探索人生問題，述說文化精神）。

特別推薦：

（一）《禪海蠡測》（義理與文采俱精的曠世傑作）；

（二）《原本大學微言》（經史合參，細論內聖外王之道）；
（三）《中國文化泛言》（闡揚中國文化的內義與使命）；
（四）《圓覺經略說》（悟道的經典，悟道者的解說）；
（五）《定慧初修》（指點佛法的修持法門）；
（六）《習禪錄影》（先生主持「禪七」的記錄，展示大禪師的手段與氣派）；
（七）《老子他說》（解讀中國文化最核心的「道」）；
（八）《莊子諵譁》（不負先賢、不負後學的了義詮釋）；
（九）《易經雜說》（學習《易經》的捷徑）；
（十）《南懷瑾與彼得・聖吉》（對話當代西方管理學大師）。

「經」與「史」的關係

聽南老師的課、讀南老師的書，一個最大的感受就是他的「經史合參」。對於傳統經典的闡釋，他一定不簡單停留於字義的解釋，而是把經典放到具體的時間、地點、人物背景中去加以解讀，或古或今、或中或外，從而把經典講通、講透。講者通曉暢達，聽者醍醐灌頂。我想，這大概也是他的書（課）能夠那麼受歡迎的原因之一吧。

這也告訴我們一個道理：讀書、讀經典，一定要與具體的歷史經驗和社會實踐相聯繫、相掛鉤，否則就成了「讀死書、死讀書」，充其量掌握了一堆「知識」，卻不能轉化為真「學問」。

與之相應，歷史和現實中的很多事例，同樣是蘊含了豐富的人文知識和經驗教訓的，讀通了歷史，同樣也可以明白很多人生的道理。這也正是南老師要建議大家，把《綱鑑易知錄》和其他人文經典一起讀的道理。《紅樓夢》所謂「世事洞明皆學問，人情練達即文章」，說的應該也是這個道理。

當然，這個「史」，既可以是「正史」，也可以是「野史」，很多歷史的真實，有時並不一定在「正史」中，而恰恰是以各種隱晦的方式，暗藏於各類「野史」「雜說」之中，當然這需要我們用自己的眼光去分辨、判斷和把握。

瞭解了「經」與「史」的關係，能夠幫助我們明白事理，但這並非最終的目的，其落腳點是要放在如何「用」上面的，也就是儒家所謂的「內養」與「外用」。

「內養」與「外用」

《大學》講「格物、致知、誠意、正心、修身、齊家、治國、平天下」，古人所謂「內修聖人之德，外施王霸之術」，「窮則獨善其身，達則兼濟天下」，指的應該都是「內養」與「外用」的關係。

儒家講「存心養性」，道家講「修心煉性」，佛家講「明心見性」，即所謂「心性之學」，指的應該都是「內養」，即個人的修養。也就是通過個人內在的修煉，達成完善的人格品質，進而「內化於心、外化於形」。

而在表現形式上，「仁義禮智信，溫良恭儉讓」這十個字應該可以很好地詮釋傳統儒家思想對於普通人「內養」與「外用」的衡量標準。

而「內聖外王」、「修齊治平」無疑是封建士大夫、王侯將相在「內養」與「外用」方面的最高追求了。

中華優秀傳統文化之於當下，同樣也有「內養」和「外用」的現實意義。所謂「內強素質」、「外樹形象」，與之應是一個道理。

如果人人皆能做到因「內養」而「自利」、因「外用」而「利人」，無論對於民風的改善、社會的進步，還是對於民族復興的實現，都將發揮積極而深遠的作用。

而這恰恰需要我們每個國民能夠從中華優秀傳統文化中汲取養分，養成健全的人格品質，提升自我修養、才幹，進而為家庭、社會、民族、國家貢獻自己的力量。

「公門之中好修行」

俗話說：「一輩子做官，八輩子做牛」；又云：「公門之中好修行」。兩者看似矛盾，實則各有所指。這兩句話也是南師經常對身在官場的訪客或學生說的。

因為在他看來，「公門」（官場）中人掌握了大量的公共資源，是最有條件謀私利、做壞事的，也是最有機會施德政、做好事的。而所謂修行，既要有善願，更要有善行，最終還是看你的「行」。

我的理解：身在公門、人在官場，修的這個「行」，就是要用好手中的權、盡好肩負的責、辦好百姓的事，小到為單位、為集體，大到為民族、為國家，多做添磚加瓦的好事、善事，不做「挖牆腳」、損公肥私的壞事、惡事。如此，才能種善「因」，得善「果」。

無論是「初心」的達成，還是「使命」的實現，一定是由一個個具體的人（尤其是「公門」中人），通過一件件具體而細微的事，慢慢累積、逐步體現的。與其空喊口號，不如實實在在地做事。

現實中，另有一種現象也不在少數：飽食終日，無所事事。此類「尸位素餐」的官員，與一心只謀私利的腐敗官員一樣，同樣是不足取的。

作為公職人員，我們既要遵守公務員的職業操守，也要符合共產黨員的黨性修養，這與南師所講的「公門之中好修行」，應是一脈相承的，但經他的概括提點，感覺更能入心入腦，印象深刻。

「事業」與「功德」

「事業」與「功德」，這是兩個經常被人掛在嘴邊的辭。但真正把這兩個辭所蘊含的意義、道理搞清楚、說明白的卻並不多。

先說「事業」，這是體制內外的人時常使用的一個辭。人們經常會用「做一番事業」來形容一個人的理想、抱負，但多半還是從自身出發，為的是實現自己的人生目標，至於作為個體的這個「事業」，與國家、民族關係如何，則未必在意太多。

再說「功德」，它多半是信眾們以自己的修為、奉獻，對於自己所皈依的宗教、教義，所做的貢獻和付出，為的也多半是福佑自身、蔭及家人子嗣。至於是否有利社會大眾，則並不關心在意，功利的色彩較濃。

而南懷瑾先生則用淺顯直白的語言，把「事業」與「功德」的核心要義表述得清楚明白，讓人印象深刻。

關於「事業」，他引用孔子《易經・繫傳》的話，說明了中國文化對事業的定義：「舉而措之天下之民，謂之事業」。他指出：「工商業做得好，很發財，或者官做得很大，這不是事業，這個是職業。」進而，他進一步闡明：「一個人一輩子，做一件事情對社會大眾有貢獻，對國家民族、對整個社會，都是一種貢獻，這才算是事業。」

關於什麼叫「功德」，南先生更有一番妙述：「事而功成者謂之德。」「做事有貢獻、有成果的都謂之功，有效果的累積起來謂之德，功是功，德是德。如污染之地，你把它洗淨了，這也是功德。無功不叫德。不是要人出一點錢，就是功德無量……」

人有強弱，善無大小。在我們身邊，不乏成功的企業家，同時又是熱心公益的慈善家；也有眾多普通人，以自身微薄之力回饋社會。

而在南懷瑾先生看來，辦好一個企業，照顧好自己的員工，少則一二百人，多則幾千、數萬人，而每個員工背後是一個家庭，就等於解決了數千、數萬人的生活問題。這就是了不起的「功德」。

明白了這些道理，我們也不敢輕言「事業」或「功德」了，還是踏踏實實做一些事要緊。

「方便法門」

佛家講「方便法門」，禪宗有「機鋒轉語」，這是在南師課堂上經常可以聽到的話。其本意是指佛家隨機度人的一種方法，是一種隨時設教、隨機應變的智慧，進而擴伸為做人做事的一些方法、手段。南師育人，便有這樣的智慧。

而我似乎對「方便法門」情有獨鍾，因為對於我這樣根器不深又俗務纏身的學生而言，貪圖的就是這個「方便」，因而也時時拿自己在工作、生活中運用的一些「小把戲」「小機靈」，請教南師，自己算不算是在運用「方便法門」，每每得到南師首肯，也便心生歡喜、樂此不疲。這或許算得上我向南師學習的一大收穫了。

當然，南師所講的「方便法門」絕不是投機取巧、耍小聰明，而是要發心正、立願正，為達成一個正確、有意義的目標任務，而使用一些恰當、方便的手段或途徑。也就是我們平常所說的「做事要有辦法」，否則空有滿腹經綸、一腔抱負，卻眼高手低，終將一事無成。用南師的話說，就是「正人用邪法，邪法也正；邪人用正法，正法也邪」。

比如，南師曾經提到蘇州當地的一位優秀地方官員——曾經開創了「張家港精神」的張家港市原市委書記秦振華先生，認為他為了促進一個地方的發展，辦法多、點子活，其在施政中的很多作為收到了事半而功倍的效果。

南師常說：人生「不如意事常八九，可與人言無二三」。可見，在現實生活中，遭遇挫折、事不如意本屬正常。與其自怨自艾、怨嗔他人，不如面對現實，從自己力所能及的地方入手，盡力而為，做到「但求無愧我心」即可。心態好了，如果再加上合適的措施，運用「方便法門」得當，不利的事情或許也會迎來意想不到的轉機。

「正臣」與「邪臣」

二十世紀七八十年代，南師曾經給島內部分政商人物講課。有人據此批評南師是一個「政治掮客」、「投機鑽營份子」，認為他講的是「陰陽家」、「權謀術」，是有政治圖謀的。其實南師所講的不過是歷史，藉故喻今罷了。他用歷史上的君道、臣道，告訴今人做官、做人的道理，並無任何個人的利益圖謀。也因此，為避紛擾，他在一九八五年選擇了離開寶島臺灣、遠走美歐……

而他對君道、臣道的闡述，即便在今天看來，仍然是有啟發而不過時的。比如，他引用《長短經》中〈臣行第十〉篇的話，分析了歷史上的六種「正臣」（好幹部）、六種「邪臣」（壞幹部）：

聖臣：「……萌芽未動，形兆未現，昭然獨見存亡之機，得失之要，豫禁乎未然之前，使主超然立乎顯榮之處。」如伊尹、姜尚、張良這些人，都可算是聖臣，屬於「三公之流」，在歷史上這種第一流的幹部，都是王者之師。

大臣：「虛心盡意，日進善道，勉主以禮義，諭主以長策，將順其美，匡救其惡。」這類幹部，自己很謙虛，每天幫助領導人做好事，貢獻寶貴的意見，古代稱為「骨鯁之臣」，骨頭硬的大臣。

忠臣：「夙興夜寐，進賢不懈，數稱往古之行事，以厲主意。」這類幹部有道德、有學問、有修養，為人厚道，又舉賢薦能。

智臣：「明察成敗，早防而救之，塞其間，絕其源，轉禍以為福，使君終已無憂。」這類幹部深謀遠慮，處事能顧慮周全、防患未然、轉危為安，使上面領導的人，沒有煩惱、痛苦、愁悶。

貞臣：「依文奉法，任官職事，不受贈遺，食飲節儉。」這類幹部負責任、守紀律，奉公守法，上面交給的任務，能夠盡力做到，不貪污、不受禮，生活清苦簡單，是廉潔從政的好公務員。

直臣：「國家昏亂，所為不諛，敢犯主之嚴顏，面言主之過失。」這類幹部對上不恭維、不拍馬屁，敢於碰硬、說真話，這樣的幹部多半沒有好下場。南師說，其實歷史上還有一類「曲臣」，比如漢武帝時的東方朔，就以「曲臣」之道，多次救了「直臣」汲黯的命。

「是謂六正」。

具臣：「安官貪祿，不務公事，與事沉浮，左右觀望。」南師把這類幹部形容為「水晶湯圓」型幹部，「又透亮，又滾圓」。

諛臣：「主所言皆曰善，主所為皆曰可，隱而求主之所好而進之，以快主之耳目，偷合苟容，與主為樂，不顧後害。」清朝的和珅，乾隆皇帝的嬖臣，就是歷史上這類拍馬屁幹部的代表，「投其所好」是這類幹部巴結領導的一大法寶。

奸臣：「中實險詖，外貌小謹，巧言令色，又心疾賢，所欲進則明其美，隱其惡；所欲退則彰其過，匿其美，使主賞罰不當，號令不行。」這類幹部內心陰險，外表規矩，絕非戲臺上臉譜化的人物那麼易於識別。宋代的秦檜，當得此例。

讒臣：「智足以飾非，辯足以行說，內離骨肉之親，外妒亂於朝廷。」讒臣與奸臣很相近，嘴巴壞得很，知識淵博，學問好，又很會說話，才智論辯，擅長挑撥離間，這類人很多。

賊臣：「專權擅勢，以輕為重，私門成黨，以富其家，擅矯主命，以自顯貴。」像王莽之流，歷史上一些篡位的臣子，最後都到了這個程度。

亡國之臣：「諂主於佞邪，墜主於不義，朋黨比周，以蔽主明，使白黑無別，是非無聞，使主惡布於境內，聞於四鄰。」這類人，幫助老闆走上壞路，把錯誤都歸到老闆一個人的身上，實際上是下面人的錯誤。歷史上的宦官亂政，當屬此例。

「是謂六邪」。

有文化地做事，做有文化的事

一段時間以來，我們的「城市化」快速推進，隨之而來的則是飽受詬病的「千城一面」。大大小小的城市，一味地追求「新、奇、怪、異」，複製、拷貝了一大堆「城市地標」，卻鮮有能留存後世的「精品」「力作」。其中，以資本逐利為目的的開發商們，無疑是主要的推手，而城市的規劃、設計者們，也難辭其咎。

即便在新一輪的「特色小鎮」建設中，也同樣存在著「一窩蜂」、「特色不特」的弊病。遍地開花的「文旅小鎮」就是例證。

究其因，就是我們過去在經濟建設中取得的經驗和存在的教訓又轉移到了城市化進程中。即在追求「量」的快速擴張的同時，常常忽略了「質」的提升和「文化」的內涵。

我們在這方面走過的彎路不可謂不多，付出的代價不可謂不沉重。常常做很多的「無用功」，滿足於量的增長，而忽略了質的提升，重覆於做「產品」，卻不能夠留「作品」。

破解之道也許就在這兩句話中：「有文化地做事，做有文化的事」。

「有文化地做事」，就是要提升行為主體（尤其是主政一方的地方主官和企業負責人）的文化修養、理性思維、民主意識，改變長期以來養成的工作定式、思維陋習，克服惰性，遇事多想想怎麼做才更有意義、更有價值，尊重個性、鼓勵創新、弘揚特色，而不是簡單化、一刀切。

「做有文化的事」，就是要讓我們的工作成果（無論經濟發展還是城市建設），多一些「文化+」「+文化」，經得起時間和歷史的檢驗，成為歷久彌新的「作品」、「精品」，而不是曇花一現的「產品」、「商品」。

當然，要做到這兩點，殊非易事。特別是對於基層幹部而言，由於學識、閱歷、眼界所限，加上資源、權限不足，做事往往滿足於「過得去」，不想或不願想「過得硬」。習慣於和過去比、跟差的比，很容易自我滿足、應付了事。因此，這無疑是項艱鉅而長期的任務。

其實，也不乏這方面的成功經驗和好的做法：比如內學外引、典型示範、以點帶面；比如「請進來」「走出去」，讓大家開眼界、長見識、增才幹。有時可以藉助好外力、外智，讓大家在潛移默化中得到鍛煉和提高，進而內化為自覺意識和修養能力。

南懷瑾先生曾說，不同於西方的專才教育，中國傳統文化更側重通才的教育和培養。

時代呼喚更多的「通才」，能夠橫向「跨界」、縱向「打通」，這恰恰是建設「美麗中國」迫切所需的。很多事情孤立看近乎無解，放眼長遠、立足更大範圍，卻能夠豁然開朗。

南師的「經史合參」、儒釋道「三家合一」，應該是同樣的道理。

文化的力量

在基層治理中，如何發揮傳統文化的作用、價值，使其「經世致用」，即「我們可以做什麼、怎麼做」，應該是一個現實而有意義的課題。

在「以GDP論英雄」的年代，對基層幹部工作的考評側重於經濟的增長。而現階段，則涵蓋經濟、民生、安全、環保、穩定、生態等方方面面。而基層所面對的，是少得可憐的行政資源、多得數不清的「婆婆媽媽」，做事全憑幹部一張嘴、兩條腿。基層幹部的每一天，都可以用「壓力山大」來形容。

而排解壓力的最好辦法，是找到文化（精神）力量的支撐。南懷瑾先生在八十九歲高齡時，仍堅持辦學興教，正是他有矢志不渝的人生目標——接續中華傳統文化百年之斷層。

以我在基層工作的經歷和感受，正是有了與南師的交往，有了傳統文化的精神薰陶，才使我在工作中不再孤寂、不再難挨，相反，而能夠在這段歲月裡如沐春風，獲益匪淺。

記得初到任鄉鎮時，我也曾「約法三章」：「沒有規矩的要立規矩；有了規矩的要守規矩；違反規矩的要講規矩。」講究的還是制度建設對於一個地方治理的重要性。

隨著時間的推移，特別是隨著與南師交往的加深，我越來越覺得，在制度之先，更應該重視文化建設。對於一個地方的善治，文化顯得尤為重要。而一個地方的文化建設，並非實用主義的現學現用，而應該是根植於傳統文化與當地文化淵源土壤的融合與發展。

毋庸諱言，一個地方的治理特色或多或少會打上這個地方主官的個性烙印。這就要求，首先必須從自我做起，確立正確且明確的目標方向，同時避免犯南師所講的「三個不能犯的錯」，即「德薄而位尊，智小而謀大，力小而任重」。其中，「德」無疑是居於首位的，也即一個地方官員的個人品行、修為、素養，決定了他的所作所為的支點和方向。而這方面，恰恰是優秀的中華傳統文化，能夠提供充足的養分。

最初聽南師的課、讀南師的書，主要在於學習如何做人、做事，更多還有好奇的成分在裡面。到後來，卻發現自己已是不由自主地融入了其中，先前一些模糊的認識、懵懂的概念，漸漸變得清晰，人生的方向變得明確，做人做事的出發點變得更堅定自主。這些都是在不知不覺中發生的變化。而讓發生在自己身上的變化更進一步延伸擴展到周圍的人群，使之有益於一方，則屬於意外的收穫和驚喜了。

做事業，既要有情懷，也要有胸懷。先做人，後做事；簡單做人，複雜做事。做人可以簡單些，如果人人設防，勢必人人自危，處心積慮而不得心安，到頭來人人都是受害者；而做事卻要盡量考慮得複雜、長遠些，「人無遠慮必有近憂」，做最壞的打算，往最好處努力。

基層做事，在發展經濟、致富百姓的同時，也要結合當地的自然稟賦、文化基因，找準定位、認清方向、堅持特色。持之以恆，終有所成。

南師的「以出世的精神，做入世的事業」，應該是最好的詮釋。而「出世」精神的確立，則離不開傳統文化的薰陶。

還有一點也是十分重要的，就是如何讓廣大的基層幹部安心鄉村、紮根基層。除了組織層面的考慮，加強文化的認同、精神的引領，應該是更高的境界追求。

傳統中國農村強調「鄉賢治理」，依託的是儒家思想的「修齊治平」。今天，我們的核心價值觀、黨建理論、執政理念，如能從優秀傳統文化中汲取養分，應該也是不無裨益的。

處理好「做」與「說」的關係

在現實世界裡，如何處理好「做」與「說」的關係，是身處職場，尤其是基層公職人員經常會遇到的困擾。「做」是做事，當屬於事功的範疇；「說」是言論，則可理解為經驗、觀點的總結。

「先做後說」：對於一些試驗型、探索性的工作，與其大張旗鼓地宣傳，不如實實在在地去試行，等有了經驗的累積、成果的顯現，再適時地加以總結提煉，並做好宣傳推廣，形成正面典型的價值。鄧小平的「摸著石頭過河」理論，應該也是這個道理。

「先說後做」：有些事，實施的難度較大，但意義深遠，短時間未必看得出成效，存在的阻力也更大。這就需要輿論先行，做好充分的動員、解釋和宣傳、說服工作，要讓參與各方充分理解決策的意圖和意義所在，務求把道理說清講透，進而凝聚各方的智慧和力量，形成工作的合力，然後因勢利導，加以推進，才能把好事辦好，行穩而致遠。

「邊做邊說」：有些工作的開展是需要在實踐中加以摸索、完善的，既要注重實踐，並即時修正工作中的偏差和缺漏；也要注重輿論的引導，統一內外思想，消除工作中出現的各種雜音，變負面為正面，變阻力為助力。要有「積小勝而為大勝」的耐心，持之以恆，方能收到最大的成效。這體現的是實踐精神和理性思辨的統一。

「只做不說」：在基層，常會遇到突發的情形，迫在眉睫、不能不做，且一旦拖延會滋生各種弊病，必須當機立斷，只要沒有明文禁止的，就可以採取迅速果斷的手段加以處置，事後也不便加以總結彙報。這也類似於「想做事，不請示」的情形，考驗的是當事者的智慧和勇氣，是要承擔一定風險的。選擇「不說」，也是降低風險的一種手段吧。

「只說不做」：現實中此類情形不在少數。無論是「以會貫會」、「公文旅行」的形式主義，還是「口號領銜」、「政績優先」的假作為、真作秀，皆當在此列。當然，事分為二，有時基層為了應付一些不切實際的「好高騖遠」、「層層加碼」，不得已也用此法。目的是規避無謂的爭論和辯解，爭辯無益，索性避實就虛。

凡此種種，不一而足。「做」與「說」，孰先孰後、孰優孰劣，本無定論。所差者，只在當事者的「初心」罷了。或許，這才是古人「立德」為先的道理吧！

「父母官」與「隔代親」

二〇一〇年九月，我到七都工作初見南師，他便戲稱我為「父母官」，雖有調侃的成分在，卻也道出了鄉鎮幹部的一個實際地位和作用：我們所處的，恰恰是傳統中國農村家族治理的範疇。

今天基層鄉鎮一級政府的架構，過去也許只是若干家族家長管理的範圍。所不同的在於，今天主要靠法治，過去更多依靠人治。而法治是有很高的行政成本的，且不能完全覆蓋人治的範疇。

當然，我們不可能，也不應該回到過去，但有些東西是可以借鑑和吸收的，比如儒家思想中的一些觀念，比如「家長」的地位、作用。

我的理解是，既然做了這個「父母官」，就要很好地履行「家長」的職責，當好這個「家」。該做主就要做主，該拍板就要拍板。前提是要出於公心，為了大多數人的利益，而非為個人或某個小團體的利益。

現實的障礙在於，在同為「家長」的「父母」之上，還有「爺爺奶奶、外公外婆」，甚至「曾祖父、曾祖母」等眾多長輩。如果把老百姓比作「兒女」，基層政府相當於「父母」，上級政府則是「祖輩」。

有趣之處在於，在中國社會，普遍有一個「隔代親」的現象。也即當父母的要管教孩子，爺爺奶奶卻要攔著，甚至無原則地袒護、溺愛。而當小孩兒真的闖了禍、出了事，爺爺奶奶又要責怪當父母的沒有盡責。

遺憾的是，這樣的「隔代親」現象，在我們現今的體制內不無體現。以至於「父母」管教不聽話的「小孩兒」，還得捂著「小孩兒」的嘴，避免他把「爺爺奶奶」招來；或者索性放任不管，把責任和義務直接推給「爺爺奶奶」。

這或可算作當下上下級政府間關係的一個生動寫照。因此，還是應該強調一級管一級、一級對一級負責。否則一旦角色錯位、越位，則後患無窮。

為「家長制」正名

「家長制」——一個經常被貶義化的辭，其實也是應該辯證看待的。即便以今天的「父母」「家長」而言，相信都會盡心盡力為一個「家」操持勞累而無怨言。人們所詬病的無非是封建「家長制」的獨裁與專斷，但事實上，也許過去的「家長制」同樣不乏我們今天所稱道的「民主與集中」。

同樣，作為一個地方、一個單位的「一把手」，無須諱言自己的角色身份，「家長」也罷，「班長」也好，其職責定位應該是與角色相當的。重要的是如何體現盡職的態度、履職的能力、失職的懲戒。我想，這應該也是傳統文化與當下的相通之處。

一個正常的家長是不會對自己的家庭成員不負責、不盡責的，而現實中，我們恰恰缺少這樣負責任的「家長」，才導致了那麼多戕害「子民」的現象發生。

其實，我們更應該探究的，是如何提高「一把手」的決策能力。如何在保障公平、公正、公開的前提下，提高效率、防止差錯，是我們在基層當「一把手」的「家長」們所必須面對的課題。

正因為如此，除了加強法治建設，完善制度法規，壓縮漏洞空間，更主要的還在於，要培養各級官員（民眾亦然）的「敬畏」心，除了敬畏法律、紀律，也要敬畏土地、敬畏百姓、敬畏神明。從這個意義上看，弘揚、傳承優秀中華傳統文化的作用、價值就不言而喻了。

我們可以是無神論者，但不應該是「無所敬畏者」，只有知敬畏，才能知恥、知禮、知止，整個社會才能健康有序。

「頂層設計」與「基層方案」

人們常說，制度建設要靠「頂層設計」，尤其對於一些綱領性、方向性、原則性問題的界定和表述，必須是一種聲音、一個標準、一致口徑，否則若各行其是，必然導致混亂和無序。而在大政方針統一的前提下，尊重和發揮基層的首創精神，找到適合各地的「基層方案」，也是不可或缺的。

在「頂層設計」方面，比如「放管服」改革，把行政審批權的壓縮、集中和下放作為一個突出的重點來抓，釐清中央與地方、政府與市場的職責邊界，強調職權利的統一，無疑抓到了要害處。但在具體操作中，也存在著統得過多過細、「選擇性下放」等不足。說到底，還是部門利益在作祟：有好處、低風險的層層截留，有難度、高風險的層層下移。職責、風險的不對等、不匹配，一定程度上挫傷了基層幹部的積極性，導致「看得到的管不著，管得著的看不到」，各級、各類的「督查」、「問責」、「留痕」也因之而來，層出不窮，蓋源於此。

此外，由於我們的政府歷來是「強勢政府」、「全能政府」，事無鉅細、包攬一切的習慣，仍隨處可見，以至於「文山會海」屢禁不絕。其實全國情況千差萬別，很多情況下，指望一個政策文件管到底、管徹底，既不現實，也不科學，事實上也不存在包治百病的「靈丹妙藥」。

還有一個突出的現象：「會哭、會鬧的孩子有奶吃」仍屢見不鮮，越是問題多、情況差的單位或領域，得到的資源和照顧就越多，機構設置、人員編制、資金扶持概莫如此。而越是做得好、幹得快的，卻往往越容易被批評、受指責，如此「負激勵」的後果，只會讓「落後者」越來越多。

再從以「大部制」為出發點的本輪機構改革來說，雖有一些部門、職責的合併、轉移，卻並沒看到太多實質性的轉變。比如，從中央到基層五級政府的架構依然如故（在交通、通信日益便捷的今天，管理的扁平化才更合理高效，層級越多，效率則越低，這也間接導致了「指揮員」多於「戰鬥員」）；財權與事權不匹配的現象也未見有根本改觀。甚至有些部門本身就已經成為該項工作的障礙所在。比如一些機構因「禍」得「福」，臨時性機構氾濫、固化，導致因人設事、人浮於事。這些與基層和群眾的期盼仍有很大的距離。

改革開放四十多年的實踐經驗告訴我們，制度創新的動力、源泉和生力軍在基層、在一線。作為基層一級，「等、靠、要」解決不了問題，與其消極等待，不如主動作為，拿出適合實情的「基層方案」來。

仍以這輪機構改革為例，處在中間環節的省、市、縣（區）級政府，因為必須考慮上下對應、左右銜接，某種程度地存在無法大改的「困局」。而鄉（鎮）一級政府，處在政府序列的末端，受人員、機構、編制、職數的嚴格限制，上面的「千條線」，只能穿過基層的「一根針」，面臨著必須改、不得不改的迫切問題。由此，也就有了各具亮點、特色的「基層方案」：按照「人隨事走」的原則，探索「綜合執法」、「一站式、全鏈條」審批、「網格化管理」、「區鎮合一」、「強鎮擴權」等創新做法和嘗試。這在一定程度上緩解了「人少、事多、責重」的困擾，減少了「有人沒事幹，有事沒人幹」等弊病。

當然，這些「基層方案」的出台、實施，離不開「上層」乃至「頂層」的理解和支持，更是基層智慧的集中體現。而基層在具體工作實踐中的創新之舉、實驗探索，更是比比皆是，不勝枚舉。

「不謀全域者，不足謀一域」。同理，不謀一域者，也不足謀全域。上下同心，其利斷金。不管是「頂層設計」還是「基層方案」，目標方向應該是一致的，都是為了尋找到符合國情、適合當下、強國富民、福澤久遠的施政之策、治國良方，所差者，立足點而已。

可見，身居高位者，應該多體恤、諒解基層，多些深入細緻的調查研究，少些脫離實際的「閉門造車」和高高在上的「頤指氣使」。而作為基層一線的幹部，則要識大體，顧大局，更要俯下身子、靜下心來，敢謀、善謀，有勇氣、敢擔當，才能找到合適的方法、策略，積極地履職、盡責，哪怕一時一事得不到理解和支持，也不可輕言放棄。

鄉鎮那些事

「郡縣治則天下安」，於鄉鎮也是同理。社會治理離不開基層治理，其中最直接、最基礎的便是鄉鎮一級的治理。

「無限」與「有為」

基層政府尤其是鄉鎮（街道）一級政府，是上傳下達的「首末站」，既直接聯繫千家萬戶，又承擔著發展、穩定、保護生態等的繁巨責任和壓力。上級的要求、群眾的訴求，都在這裡匯集，無疑就是一個「無限」政府。到了鄉鎮這個層面，事無鉅細，退無可退，必須有說法、有做法、有擔當，才能做一個「有為」政府。

「屬地管理」，是社會治理中被高頻強調使用，又讓基層幹部視為「緊箍咒」的一項原則。有了這一條，基層政府對發生在轄區的一切大小事故負有「無限」責任。

作為鄉鎮幹部，與其消極應對、被動挨罵，不如主動作為，找準上下結合點、矛盾集中點、利益交匯點，有所為有所不為。要「通天線」，更要「接地氣」。對於上級的要求，不能簡單照搬照抄，一定要使之與當地的發展階段、產業特點、社情民意相結合。對於群眾的訴求，也要客觀分析、理性應對，合理的要吸收到工作中去，片面的要耐心解釋。要敢於面對群眾，善於做老百姓的工作，用實實在在的工作成果取信於民，樹威立信。

「主人」與「僕人」

在「人民當家作主」幾十年之後，現在的好多幹部已經分不清誰是「主人」、誰是「僕人」或「管家」了。這句話既適用於老百姓身邊的基層工作人員，也同樣適用於各級政府中的公務人員。

我們常說：「看得到的管不了」，「管得了的看不到」，抱怨的是上下職責不清、權責不明。而在實際工作中，「主僕」不分、「好心」辦「壞事」的情況比比皆是，後果更為嚴重。

比如，各級各類層出不窮的「創建」、「達標」活動，都是以改善和服務民生為出發點的，但在實際操作中，往往走樣、變調，脫離了基層實際，脫離了老百姓的真實訴求，加上工作中的「簡單、粗暴、一刀切」等現象，因此群眾往往「不買帳」，形成不必要的抵觸甚至對抗。說到底是「僕人」代替「主人」在決策和思考，忽略了人民群眾的主體地位。

正是由於種種「主、僕」不分的怪現象，才導致了很多工作推展不開、推進不動。即使是一些善意的願望、良好的出發點，由於缺少充分的調研、足夠的溝通和切實有效的舉措，導致無法落地、落實，甚至走向了初衷的反面。遺憾的是，這樣的情況既發生在幹群之間，也同樣存在於上下之間。

合適的時間做合適的事

基層做事，有了好的想法，如何付諸實施，使之成為現實，時機和切入點的把握至關重要。其中，準確定位、向內挖潛、形成共識、藉助外力、突破瓶頸、有的放矢，等等，環環相扣、缺一不可。講究的是時和勢的契合，需要的是定力、智慧，甚至勇氣。

有些事情急不得，有些事情拖不得。有些事情要先營造氛圍，待時機成熟再尋求突破。有些事情「只做不說」，有些事情「做了再說」，也有些事情需要「邊做邊說」，在實踐中逐步統一認識。需要的是因地制宜、靈活機動，並無一定之規和現成的經驗可學。

簡言之，要在合適的時間做合適的事。否則，即使出發點是好的，時機不對，也是枉然，事倍而功半，有時甚至功敗垂成。

新時期的「鄉賢治理」

與鄉村基層治理最密切的一部法律是全國人民代表大會常務委員會通過的《村民委員會組織法》。由村民直接選舉產生的村民委員會，依法享有「村民自治」的權利，由村民代表會議通過的村規民約發揮著引導農村社會「公序良俗」的作用。

傳統中國農村社會，注重的是「鄉賢治理」、「家族治理」，而現階段如何發揮好現代「鄉賢」在基層治理中的作用，也是一個值得研究推廣的課題。比如將那些願意「帶頭致富、帶領致富」的「雙帶」領頭人，引入村兩委班子，把基層鄉村大量需要做、可以做、必須做的事情，通過村民自治的方式、以村規民約等形式來推行，都是有益的嘗試。

但現實中卻收效甚微，究其因，主要在於農村基層幹部的素質參差不齊、隊伍穩定性差，村級組織的自治能力太弱。而由於傳統文化的普遍缺失，傳統的鄉紳治理在當下也缺乏可行性，一批新時代的善賢人物、成功人士，隨著其事業的進步而紛紛轉入了城鎮。從這個角度看，也必須認識到善待「鄉賢」的緊迫性，要注重培育新一代的有知識、有文化、有修養、懂經營、善管理的新型農民。

「受」和「理」

在強化「追責、問責」的當下，各級政府行事出現了層層轉移責任的傾向，習慣於「以會貫會、以文傳文」，美其名曰「壓力傳導」，實質卻是怕麻煩、「甩包袱」。

比如，為了體現「親民」、「接地氣」，各級政府熱衷於推出各種「服務平台」、「舉報熱線」、「書記信箱」，卻把化解矛盾、解決問題的壓力層層轉移到基層，只管「受」卻不管「理」，只管督促檢查、考核評比，卻不關心基層的現實處境和實際困難，以致出現「一個幹、兩個看、還有七個當裁判」的怪現象。

在這樣的情形之下，基層幹部忙著「賠不是」、「當被告」，逐漸失去了工作的主動性、能動性、積極性，甚至成為工作的對立面。

「創新」的成本

在社會治理改革中，鼓勵「創新」是沒錯的，但「創新」是有成本（代價）的，或多或少會有時間、人力、物力和財力的投入，不計成本的「創新」是「偽創新」，是沒有生命力的。為了追求一些所謂的創新，推出名目繁多的「創新產品」，卻把「創新」的成本層層轉嫁到基層，以至於出現前腳剛出文件、方案，後腳就催要數字、報表和成果、經驗，基層為此苦不堪言。

「創新」有時需要「做加法」，比如辦老百姓迫切需要的實事、好事；有時可以「做減法」，比如剔除一些不合時宜、脫離實際、勞民傷財的制度、做法。中央提出的「基層減負年」、「持續解決困擾基層的形式主義問題」，無疑是找對了「病症」，但如果沒有切實、管用的「藥方」，仍會淹沒在新一輪的「形式主義」之中。

在基層幹部看來，創新也好，減負也罷，核心的一條是要明確「誰主張，誰買單」。只有這樣，才能做到「己所不欲，勿施於人」。

「老百姓身邊的腐敗」

對於貪官污吏，老百姓是深惡痛絕的。人們把基層幹部的「貪腐」，形容為「老百姓身邊的腐敗」。現實中，確實有為數不少的「害群之馬」、「小官巨貪」，嚴重損害了黨和群眾的關係，影響惡劣，必須堅持打擊決不手軟。

同時應該看到另一個現實：基層幹部基數大、總量多、風險點也多，絕大多數基層幹部是積極優秀的、能幹肯幹的。切不可把基層幹部「污名化」，讓真正幹事創業的人寒了心。畢竟，社會治理的基石在基層，整個社會的正常運轉也離不開廣大一線任勞任怨的基層幹部。

「切蛋糕」「分蘋果」

我們常用「做大蛋糕」來形容發展壯大經濟總量，用「分好蛋糕」來形容資源、利益的公平合理分配。社會分配中有一個「切蛋糕」或「分蘋果」現象，即一個「蛋糕」或「蘋果」（資源、財稅），如何切分才能保證盡可能地公平、合理？這裡涉及「蛋糕」「蘋果」自身的品質優劣、切的大小比例和分的先後順序。

保證公平的辦法，既在於切分的大小均衡、良莠搭配，更在於挑選的先後順序。如果負責切分的一方自己先取，哪怕選的是最小的一份，別人也會認為你挑的是最好的那一部分。相反，只有當負責「切蛋糕」「分蘋果」者最後挑選，才符合程序的公正。現實中，掌握「切蛋糕」「分蘋果」主動權、分配權的往往是「家長」（上級），而作為「子女」（下級），只有被動接受分配的權利。這或許正是導致大家認為上級與下級之間，兄弟單位、部門之間，在財權、事權上分配不公的根源所在。

眾所周知：「做大蛋糕」難。一個地方的經濟社會發展，非一日之功，常常需要幾屆政府咬定目標不放鬆，持續發力、久久為功，假以時日，才能見效。而「分好蛋糕」也不易。如果切分「蛋糕」不合理，勢必影響到「做大蛋糕」的積極性，長此以往，也會產生更多消極負面的影響。「集中力量辦大事」，歷來是我們的制度優勢，讓先發展地區做更多、更大的貢獻，對後發展地區提供必要的轉移支付和生態補償，這些都是理所應當的。但如何保證這個過程的公平、合理、透明，減少不必要的管理成本，防止「跑冒滴漏」，提高資源、資金管理使用的效率，也是必須引起重視的。若資源、資金不合理分配、使用，則地方「過度舉債」和部門「突擊花錢」之類的現象仍將難以避免。

「有始無終」與「有始有終」

不知從何時開始，「有始無終」成了高頻辭、常用語，出現在政府的各類通知、文件和講話中。而與之相對應的、過去為大家所熟悉的「有始有終」，卻鮮被提及。很多常規工作、日常事務，也動輒被冠以「有始無終」的要求，大有被泛化、濫用的趨勢。由此導致許多階段性工作長期化、臨時性工作固定化、局部性工作擴大化。基層為此叫苦不迭，卻又無可奈何，因為每項工作總能找到一兩個「有始無終」的理由。

客觀地說：宇宙、人類尚且是「有始有終」的，哪來那麼多的「有始無終」？其實，多數工作，大部分情況下，都更應是「有始有終」的，才更符合科學合理、高效節儉的原則。常識告訴我們，只有當一件事幹完，才有更多的人力、物力和精力投入另一項工作，才能一件接著一件幹，才更有實踐的意義和價值。如果每項工作都強調「有始無終」勢必無限誇大該項工作的長期性、艱鉅性，只會導致辦事拖沓、資源浪費，而大量需要「有始有終」、「快辦快結」的事，卻被貽誤耽擱了。

「一人負責多事」與「多人負責一事」

俗話說：「老大多了會翻船」，講的是「多人負責一事」反而容易出事的道理；而「能者多勞」，則是一個能幹的人，可以同時做幾項任務、工作，並能完成得很好。人多未必好辦事，特別是當職責不清、主次不分的時候。能力相當的幾個人，如果讓其中的一人去負責一件乃至數件事，也許會完成得很好；而如果讓這幾個人去負責同一件事，則往往會推諉扯皮、相互內耗，浪費了資源、犧牲了效率，最終反倒「一事無成」。

這個看似簡單的道理，卻是現實中屢見不鮮的。比如，機構職能的交叉重疊導致職責不清，相互扯皮，進而又衍生出協調機構。而機構內部的人浮於事、因人設事，又常會產生「多人負責一事」的情況。到頭來，往往「齊抓共管」成了「誰也不管」的「同義語」，「形成合力」成為「沒人出力」

的「代名辭」。

「一體化」與「差異化」

在各地的「美麗鄉村」建設中，推進「城鄉一體化」經常被作為一個重要的工作抓手提出。「一體化」的要求，如果著眼一個地方長遠的規劃，通過「以城帶鄉、以工促農」等手段，縮小城鄉差距，助力廣大農村地區加快基礎設施、公共服務、功能載體等建設，無疑是意義深遠、科學合理的。但如果這項工作只是「一廂情願」的，更多的是以城鎮的視角、城市人的眼光、居高臨下的心態來「關照」農村，忽略了農村的實際發展水準和農民的實際生活需要，剝奪了農民的自主選擇權，替農民作選擇、定方案，且習慣以「三年任務兩年完成」為約束，必然缺少了農民主動、積極的參與，其結果往往是堪憂的。很可能政府花了大量的財力、物力和精力，而農民的生產、生活習慣依舊，不需要多久，一切又「打回原形」，回到老樣子。

另一個與「美麗鄉村」相關的「關鍵字」——「特色化」或「差異化」，也是經常被使用，卻容易被忽略的。挖掘「特色」、尋找「差異」，原本需要沉下心來、付出時間，而這在實際工作中常常是被簡化甚至省略的，因為有上級考核、督查的壓力，「見效快」、「立竿見影」往往被放在第一位，作為基層一級的政府「慢不得」、「等不起」，本應做好的大量耐心、細緻、深入的基礎工作，卻被「長官」意志、「專家」意見、「專業」方案所包辦替代了。就像「特色小鎮」建設，就有被過度概念化、產品化、標準化甚至模塊化的趨勢。往往是一家設計單位、一套規劃圖紙被簡單複製、推廣使用。事實證明，甲地成功的特色、經驗，照搬、照抄到乙地，就失去了「差異性」、「唯一性」，並不會必然帶來乙地的成功。「一窩蜂」的結果，只會讓原有的「特色」淪為「標準色」，最終因失去「差異化」而沒有了生命力。

「想做事，不請示」

說這話的，據稱是一位剛退下來的省部級官員。大意為：身居下位的官員，更熟悉和掌握一線的實情，應敢於擔當，敢於決策。而非事事請示彙報，將決策的責任和風險轉移給上級，也因為這樣的請示，多半是不會有下文的。而其得出這樣的觀點，正是基於他曾經工作的基層崗位，可見即便身居高位者，也大多清楚明白基層的實際情況。但願意說出來的卻並不多。

對於體制內絕大多數可能會在基層掙扎、奮鬥一輩子的小公務員而言，明白這句話不難，但換來的卻可能是沉甸甸的教訓。在「白貓、黑貓」時代，「敢闖、敢試、敢冒」的做法是多見的，也是受到支持和鼓勵的，由此也推動了改革開放數十年中國經濟社會的快速發展，但時至今日，老辦法不能用了，新辦法又不管用。規範、規矩多了，活力、動力少了。

現實中，與之相反的另一類情況倒是多了，也即「少做事，多請示」。或者即便做了一些事，也必須記得「留痕」，有功即是成績，有過則可脫責，由此衍生出種種新的形式主義、文牘主義。

我們一直在提倡創新，而創新意味著對原有秩序的顛覆，也意味著對現存制度（有時甚至是法律）的突破，於是不可避免地要承擔被「問責、追責」的風險，於是乎在一片高喊「要敢於擔當」中不再「擔當」了，因為大家都明白今天的擔當，也許就意味著明天的擔責。

在各方呼籲下，各地也紛紛出台了一些所謂的「免責條款」，美其名曰「為擔當者擔當」。但既然作為成文的制度，能夠「免責」的一個重要前提是要「合法」「合規」（無論這個法規是否合理、是否滯後）。殊不知，現行的法律（包括正在制訂中的），很多仍是部門主導下的立法，其本身可能也是存在問題、迫切需要改革的。難怪有人說，要求在不突破現有法律框架的前提下進行改革創新，本身就是一個偽命題。

這種情況下，「想做事，不請示」似乎是不可能的，但多做些實事，少些繁文縟節的「請示、彙報」，把工夫、心思多用在謀事而非謀人上，卻是可以堅守的。還是那句話：「空談誤國，實幹興邦！」

二〇一八年八月

一個好政府，可以是「無感」政府

由於工作的原因，經常與青年創業者接觸、交流，而瞭解他們對於一個好的地方政府的訴求，也是我工作內容的一部分。其中一位「海歸」博士的話讓我印象深刻：吸引他落戶當地創業的一個重要原因，是他找到了在矽谷創業時的那種氛圍，即當地政府平時對他來說是「無感」的，而當創業者有需求時，又隨時找得到地方官員。對他來說，這樣的創業環境才是最吸引人的。

在營商環境備受重視的今天，人們經常聽到、看到各地、各級政府宣揚本地的營商環境如何好、政府服務如何優，「正面清單」、「負面清單」一大摞，措施、方案一大堆，各種「提法、做法」琳琅滿目、層出不窮，卻每每只被「掛在嘴上、寫在紙上、刷在牆上」。虛虛實實，不亦樂乎。沿海城市的率先、快速發展，除了得天時、地利之便，一個不可忽視的因素應該就是這些地方政府都是在「無感」方面做得比較好的。比如深圳，作為一個新興的沿海新移民城市，其吸引年輕的創新、創業者紛至沓來的一個重要原因，就在於它獨特的「小政府、大社會」構架。大量的市場主體得以在「無感」的環境中「自由生長」，不受太多的禁錮與約束，而這恰恰是很多內陸省份、城市所不具備或欠缺的。所謂的「有求必應，無事不擾」，指的應該就是打造一個「無感」政府。但說易行難，真正做到的恐怕還在少數。

政府追求的是什麼？

時至今日，我們的各級地方政府到底在追求什麼？這似乎仍是一個需要「三思而後行」的問題。

在經濟進入高品質發展階段的今天，越來越多的地方政府意識到「項目為王」的重要性，而追求工作和項目的「高顯示度」，成為各地政府的一個重要工作指標，成為不斷出現在各地政府報告和媒體宣傳中的高頻辭。於是乎，動輒「百億、千億」的「大項目」紛至沓來，「三大基地」、「五大中心」的提法頻頻見諸報端，央企、「五百強」成為各路爭搶的「座上賓」、「香餑餑」，各地熱衷於見效快、顯示度高的「栽大樹」項目，卻不屑於週期長、見效慢的「育樹苗」工程。急功近利、竭澤而漁，是各地的考核所致、官員的任期所限。而土地、環境、資金等要素資源的短缺更加劇了這種競爭的「白熱化」。

這樣的「高顯示度」項目，「顯示」的是上級容易看得到、可以迅速被看到的「政績」和「形象」。至於一個地方的長遠發展、老百姓的切身感受，則另當別論。其中，政府的「強勢」作為是不可或缺的，追求「立竿見影、迅速改觀」之下，也就不甘於打造一個「無感」政府了。

而一個「無感」政府的存在，既是創業者所期盼的，也是老百姓所期待的。所以，不妨以老百姓的「高感受度」來替代所謂的高顯示度，來得更實在、更實惠些。

「強勢」政府強什麼？

人們常常將我們的政府與西方國家的政府做對比，一個很大的差異在於：我們的政府是「強勢」的，政府的觸角無所不至、無所不包；而西方國家的政府則是「弱勢」的，政府所能調控的資源和手段是有限的。

這一點，在這次疫情防控中更得到了充分的體現：與西方政府的「無所作為、全面失守」不同，我們的防疫工作統籌推進、協調有序，兩種政體的優劣，可謂高下立判。即便是不斷「污名化」中國政府、政黨的西方社會，也不得不承認我們政府管治的高效和優越性。但或許隱憂也恰在此，如果將這種「強勢」無限上綱、不加約束，則必然會「野蠻」生長，扼殺市場主體的生命力、自癒力，進而妨礙甚至阻礙市場主體的發育和成長。

應該看到，我們的「強勢」政府所取得的傲人成績背後，是包含了巨大的付出的：無數基層幹部的日夜奔波，不計代價的管治成本。而各類行政機構不斷擴充、龐大財政供養人員持續膨脹的衝動，都有「失控」、失序的風險，而這些都將轉化為我們經濟社會發展的巨大成本和制約。客觀理性地分析，我們的政府之所以「強勢」，應該是「強」在「統籌、規劃、協調、動員」能力上，而絕非龐大的行政主體、行政干預本身，忽視了這一點，就是本末倒置，也必將後患無窮。

「無感」政府做什麼？

一個好的政府，可以是「無感」政府。這樣的政府，絕不是「無所作為」的，而應該是「有所為，有所不為」的。

「無感」不代表「無為」，政府所能做、應該做的事情是很多的，那就是要解決單個市場主體不能做、做不了的事情，諸如大型基礎設施、公共功能保障、公正透明服務、依法履職盡責等，做到「到位不越位，補位不缺位」。

所謂「無事不擾」，就是政府要釐清自己的職責邊界所在。我們經常說，政府要有「底線思維」，也就是不要輕易介入市場主體的具體行為當中，要學會控制自己的干預衝動，履行好作為「裁判員」、「巡邊員」的職責，而不是親自下場充當「運動員」，更不要動輒給企業下「指導棋」。須知，企業才是市場的主體，它們是為自己的市場行為承擔最終責任的人。政府所能做的，應該是明確規則、底線，提供防護、保障，而不是包辦代替、越俎代庖。

所謂「有求必應」，並非對每個市場主體、社會個體無原則地一味遷就、順從和忍讓，而是要「回應」關切、「有問必答」，區分合理無理、釐清原則底線、判別是非曲直，並且要改變「熟人」社會的人情術、「關係學」，營造「陌生人為陌生人」服務的意識、氛圍。這才是一個成熟的市場經濟環境所不可或缺的。

當然，所有的政府機構也都是由人構成的，無論怎樣的政府架構、頂層設計，都離不開其中人的作用的發揮，也就是各級政府的官員和工作人員，其自身的專業素養和職業操守才是構建一個好政府的最主要參數。而這方面的完善，絕非一日之功。其中，各級官員的考核評價體系、職場氛圍和激勵導向的作用，都是不可偏廢的。而克服舊有體制、傳統思維的慣性，也是一大難題。比如各地的經濟技術開發區、高新區，作為一級地方政府的直屬、派出機構，以其「小政府、大市場」的職能定位，曾經極大促進了各地經濟的發展，承載著經濟建設的「主戰場」職責。但經年之下，又有逐步「回歸」到傳統意義上的「大政府、全政府」的趨勢，其效率和活力也因之下降，不能不說是一種倒退。而新一輪的開發區「去行政化」改革，但願不再是簡單的循環往復，而能真正探索出一條打造「無感」政府的新路來。

二〇二一年四月五日

《縣委大院》：「中國式」基層幹部

【劇情簡介】

中國共產黨十九大前夕，梅曉歌走馬上任光明縣縣長，與縣委書記呂青山、副書記艾鮮枝等成為同事，此時擺在他們面前的是急需修復與發展的光明縣，林林總總的難題和麻煩接踵而至。梅曉歌情商高，親和力佳，逐漸和同事打成一片，平衡施政過程裡的矛盾；又有破釜沉舟的勇氣，到任後馬不停蹄地走遍了光明縣上百個村子。當選縣委書記後，梅曉歌致力於推動深化改革幹部作風，堅持綠色發展理念，在保護環境的基礎上保障民生，對縣城教育進行優化。在縣委班子的努力之下，終於實現了光明縣脫貧致富、健康發展的治縣理想。年輕幹部也在實踐鍛煉中不斷成長，做好傳承，推倒幹部與群眾之間的無形藩籬，幹群關係煥然一新。

黨的二十大報告在總結新時代十年的工作時，並不避諱地指出：「形式主義、官僚主義現象仍較突出」，體現了執政者的清醒和勇氣。近期央視一套黃金時段播出的電視劇《縣委大院》，作為一部現實題材的主旋律作品，在黨的二十大召開後不久播出，多少有著標誌性意義。劇中對於基層治理中存在的種種「形式主義、官僚主義」亂象，也有一定的涉獵與反映，雖仍有臉譜化、標籤化、口號化的不足，但塑造的一批縣、鄉、村基層幹部形象，基本還是可感、可信的，反映了新時代以來「中國式」基層幹部的眾生相，也說出了一些來自基層一線的真實聲音。

縣委書記：身正心齊，謀事在人

劇中老、中、青三任縣委書記都以正面人物的形象出現，少了許多官場劇中常見的權謀爭鬥，著重體現了這個崗位人物的「正能量」：老書記的「識大體、顧大局」，前任書記的「有情義、肯擔當」，現任書記的「明事理、重長遠」。在「主官異地」成為常態的情況下，如何做到既吃透上情，更熟悉下情？如何避免「空降」幹部下車伊始就「指點江山」？如何真正瞭解社情民意，不搞走馬觀花的「打卡」式調研？關鍵還在於為官者心存敬畏，視人民為父母，真正與這塊土地上的百姓交心，立身正，人心齊。首先是要確立「功成不必在我」的政績觀。縣委書記作為一縣主官，既是「班長」，更像「船長」（一榮俱榮，一損俱損），既要謀勢（認清方向、看準趨勢），更要謀事。招商引資、徵地拆遷、信訪維穩、環保安全、扶貧幫困……基層工作常見的「幾大件」，在劇中都有較生動、細膩的刻畫表現。縣委書記表面風光無限，實則「壓力山大」。如何在「既要……又要……還要……」中取得平衡、「彈好鋼琴」，考驗的是主政者的政治智慧、治理能力。做事的關鍵在於用人。縣委書記作為基層「最後下決心的人」，個人強不算強，班子強、團隊強才是強。道理看似簡單，但並非所有的主官都能說到做到。太多「強勢」的官員，雖然個人能力出眾，卻不懂得藉助班子集體的智慧與力量、調動方方面面的積極性，而是一味地「孤軍奮戰」，搞「一言堂」式管理，最終落得「西楚霸王」式的下場。

縣長：既是配角，也是主角

縣長作為政府的「當家人」，地位和作用都很微妙。在黨委班子內，他是書記的主要助手，屬於「配角」，而在政府班子內，作為法人代表、行政訴訟的「第一被告」，又是當然的「主角」。政府工作千頭萬緒，作為一縣的行政主官，遇到艱難困苦的局面，縣長需要衝在前面，擋得了「子彈」、受得起委屈。遇到成績榮譽，又要知謙讓、懂退避，把「閃光」的機會留給書記，找準「配角」的定位。而這「配角」與「主角」之間，也是有主次之分的：作為縣長，首先是「配角」，其次才是「主角」。前者涉及班子的團結、和諧，後者關係到工作的實效與成績。如果二者的次序搞顛倒了，輕則「一山不容二虎」，重則「兩敗俱傷」。在官場的「潛規則」中，多數縣長會接任書記，這也是組織用人的一個導向，不能接任的多半問題也是出在沒能處理好班子「團結」上。考驗的就是縣長要有「媳婦熬成婆」的耐心和定力。劇中的女縣長行事果斷、雷厲風行，遇事則向書記多彙報、勤請示，較好地把握了作為縣長的定位與分寸，是塑造得較為真實、可信的一個角色。

宣傳部長：當好「消音器」「擴音器」

劇中的宣傳部長著墨不多，卻形象地道出了基層宣傳部長的主要「功效」：當好政績形象的「擴音器」和負面輿情的「消音器」，至於「創衛、創文」之類的達標創建，實非基層所願，反倒是次要的職責了。

在人人觸「網」的「全媒體」時代，最難的還是「消音器」功能的發揮。劇中宣傳部長出現的幾個場景，多數是在應對突發的負面輿情。如何因勢利導、「化腐朽為神奇」？如何轉危為安、化險為夷？考驗的是政府「危機公關」的能力和水準。

當然要做好這份「消音器」工作，還少不得加強與各類媒體、「大V」

的日常溝通聯絡，培養好感情、處理好關係。既要能做到正面消息發得出，也要能保證負面輿情「控得住」。

鄉鎮書記：忍辱負重，「各顯神通」

「上面千條線，下面一根針。」作為最基層一級黨委政府的「當家人」，鄉鎮書記、鄉長鎮長的崗位無疑是最受煎熬的，也是現有「屬地管理」體制下最容易成為各級「問責」「追責」的一個群體。

對他們來說，既要謀發展，更要保穩定，首先要保證「不出事」。否則上面各種板子敲下來，可能還沒弄明白怎麼回事，自己已經「銷聲匿跡」了。在經濟基礎相對薄弱的地方，「吃飯財政」仍難得到保證，想做點事只能靠「八仙過海，各顯神通」：「拜廟求菩薩」，要錢要政策；遇事衝一線，委曲求太平。

劇中塑造的幾個鄉鎮書記，「泥土味兒十足」，沒有條框痕跡，較為真實可信。其中既有苦口婆心、反覆上門，動員拆遷、息訪的城關鎮書記，也有兢兢業業、「巧婦無米」的薄弱鄉書記，還有察言觀色、一心求轉崗的「投機型」書記。

村主任：夾縫求生存，裡外難做人

村書記、村主任，作為村級組織的「帶頭人」，他們「似官非官」，首先自己就是農民。作為離農民最近的一群人，對上，他們是基層幹部，誰都可以來指揮；對下，他們是鄉鄰鄉親，誰都可以來埋怨。他們算得上在夾縫裡求生存，裡外難做人。

在「脫貧攻堅」、「鄉村振興」的號召之下，各級各類支農、惠農的政策層出不窮，卻也被形形色色的「留痕」、「作秀」所折騰。劇中扶貧幹部「三進農家」必須要貧困戶簽名留痕，就是一個生動的例證。

在村民自治普遍失能、缺位的情況下，農民的自主意識、積極性尚未得到充分調動、發揮。由此也出現了頗為尷尬的局面：一方面，一群腿不沾泥的「城裡人」在「操心」著農民的生產、生活，一廂情願的結果可想而知；另一方面，一幫缺乏現代知識理念、只靠樸素情感和熱情做事的村幹部，在眼花繚亂的新生事物面前，其工作只能是陷於一片忙亂，變成「風箱裡的老鼠——兩頭受氣」。

從這個角度來說，廣大的農村呼喚愛家鄉、有文化的「新型農民」回歸，更需要懂經營、善管理的現代「鄉賢式」人物來擔任「領頭羊」、「帶頭人」。

年輕幹部：代表著未來和方向

「青年強，則國家強。」這是黨的二十大報告最後發出的強力召喚。但具體到農村，卻又是一個難解的課題。一個普遍而嚴峻的現狀是，更多的年輕人是在「逃離」農業和農村，即便是體制內的年輕人，也在逃離基層、遠離鄉村。

劇中的幾個年輕幹部正面形象的塑造，多少帶有主創者理想主義的色彩。他們有朝氣、有韌勁，也有困惑和迷惘，較為真實地反映出農村基層幹部「青黃不接」、後繼乏人的困境。

新一代「九〇後」、「〇〇後」年輕人的知識結構、價值取向，更多受網路影響，他們對於不認同的事物，未必會積極地表達、強烈地反對，卻會以自己的方式消極應對：或置之不理，或選擇遠離。這與他們的父輩、祖輩們已有很大的不同。

對於基本不看《新聞聯播》的一代人，如果仍用老一套的方式手段去與他們溝通交流，無異於刻舟求劍。如何指導幫助新一代年輕人成長、成才，這又是擺在各級組織人事管理部門面前的一個難題。

二〇二二年十二月二十三日

《天下長河》：識水、識人、識時務

湖南衛視近期熱播的電視劇《天下長河》，頗有《大明王朝一五六六》《雍正王朝》《康熙王朝》《天下糧倉》之風，令人眼前一亮，有一種久違的酣暢淋漓之感，為優秀古裝歷史劇再添濃墨重彩的一筆。

該劇的情節並不複雜，講述的是康熙年間兩位治水功臣——陳潢、靳輔，歷經數十年艱辛治理黃河水患的史實，演繹的是君、臣、士之間複雜微妙的關係，吸引人、打動人的是劇中人物忍辱負重、百折不回的真實際遇和那份不計個人得失榮辱、志在蒼生萬民的格局心胸，堪為後世楷模。

識水：專業的人做專業的事

黃河作為中華母親河，氣勢恢宏，一瀉千里，自古以來就受到人們歌頌傳唱，留下了「白日依山盡，黃河入海流」、「大漠孤煙直，長河落日圓」等名句名篇。而黃河水患災害的治理，也是歷朝歷代的一項工作重點。「術業有專攻」，要治水首先要知水。在中國治河史上湧現了不少識水、懂水的名人志士，大禹「三過家門而不入」、李冰父子與都江堰、漢朝賈讓的「治黃三策」、明朝潘季馴的「束水沖沙」和清朝靳輔的治黃功績，都為後世所銘記。劇中的陳潢雖沒有任何功名，但對治河有獨到的見解，作為靳輔的重要幕僚和專業助手，與靳輔一起對黃河進行了千里大調研。他們既吸取前人的治水經驗，又開創性地提出「引黃濟運」，即引黃河之水入運河，加強運河的水勢，提高運河通航的能力。對於陳潢這樣一心撲在畢生摯愛的專業領域、不諳人情世故的治水能人、「專業幹部」，最大的成就感、幸福感，莫過於實現自己的理想和抱負。從這個角度講，陳潢有靳輔這樣為他「遮風擋雨」的頂頭上司和康熙這樣知人善任的「老闆」，無疑是幸運的。劇中的靳輔、陳潢，屬於「直臣、孤臣」之列，在爾虞我詐、權力傾軋的官場，雖然未得善終，但作為傳統知識份子——士子的代表，他們無疑又是成功的，實現了人生的「三不朽」：既有不畏權貴的「立德」，更有治水有成的「立功」，還有傳諸後世的「立言」——《河防述要》。

識人：用其長、容其短

放眼歷史長河，康熙都是可以對標「秦皇漢武、唐宗宋祖」的「千古一帝」。其「擒鼇拜、平三藩、收臺灣」的歷史功績，至今仍為人所稱頌。劇中羅晉飾演的康熙，與焦晃、陳道明兩位老戲骨扮演的康熙，仍有不小的差距，但這不妨礙我們理解康熙作為一代明君聖主的胸懷與氣度。作為一代明君，康熙深諳用人、馭人、容人之道。雖有生殺予奪之權，卻並非可以隨心所欲、任意胡為。作為統治者的代表，要維繫統治集團內部的穩定，他深知「小不忍則亂大謀」、「水至清則無魚」的道理，更善用制衡之術，既要處理好索額圖、明珠等權臣黨爭，也要善待郭琇（山東即墨人、康熙九年進士、原吳江縣令）這樣的御史言官，更要處理好滿漢大臣之間、不同利益群體之間的平衡。康熙在位六十一年，作為封建帝王，雖無「任期年限」的顧慮，但「水可載舟，亦可覆舟」的道理必定是懂得的。治盛世需用能臣幹吏，更要能用其長、容其短，如果沒有足夠的智慧和肚量，康熙朝也出不了于成龍、靳輔、郭琇這樣的名臣、能臣和諍臣。劇中作為「高級官員」的靳輔，也深諳識人、用人之道，他與「專業幹部」陳潢相遇相知、赤誠相待，對其極力舉薦、包容袒護，都體現了一個領導者的博大胸懷和不凡氣度。

識時務：執著與妥協

劇中黃志忠飾演的靳輔，可謂「識時務」的「好幹部」代表。他由安徽巡撫這種相對安逸的地方大員，轉任河道總督——專業性更強的「條線領導」，能迅速進入新角色，「幹一行、愛一行」，毫無違和感，憑藉的是他執著熱忱的工作態度和與生俱來的責任感、使命感。

執行好上級的指令，處理好複雜的官場人際關係，同時為下屬營造良好的幹事創業環境，不居功、不諉過，是這類官員身上的優秀品質。正是靳輔為陳潢這樣的專業幹部提供了絕佳的職場氛圍、創業土壤。

更難能可貴的是，當遭遇不公（戴枷上堤）、挫折（兒子被發配邊疆），他仍能做到不怨不艾、無怨無悔，一心撲到工作上，並且還有「功成不必在我」的勇氣和決心。這樣的品質既讓人欽佩，又讓人動容。

自古以來，想做事的官員很多，但做成事的卻不多。有一個知人善任的好「老闆」固然重要，而當事者本人的務實、踏實，特別是「識時務」也是關鍵所在。這類官員，知道什麼時候該執著堅守，什麼時候該妥協退讓。

「人民就是江山，江山就是人民。」歷史除了由史官記載，更是由人民書寫的，時間是最好的證明。只有把事業寫在山河大地上，才是最了不起的功業。

治水之要，「導」「引」比「防」「堵」更重要。治水如此，治國、安民更當若此。

二〇二二年十一月二十九日

事而功成者，謂之德

——蘇州市吳江區七都鎮黨委書記查旭東訪談錄

《國學周刊》記者　李凡

能力有大小，善心無大小

李凡：查書記，首先感謝您邀請我參加了蘇州市吳江區七都鎮在二〇一三年和二〇一四年九月舉辦的兩屆太湖國學講壇。在每屆講壇的開幕式上您都提到七都鎮的文化核心理念：精緻小鎮，從容七都。能否先請您詮釋一下「小鄉鎮辦大文化」的由來？

查旭東：七都地處吳文化的發源地。說到吳文化，當然就離不開吳泰伯了。而吳泰伯，很重要的一點就是他的謙讓、禮讓。所以這一帶的民風也好，教育也好，孝文化的底蘊和根基是很深厚的。

其實很多年來大家都在問一個問題，就是：像南懷瑾這樣的鴻儒大德，為什麼會選擇落戶在太湖之濱，在七都（廟港）這麼一個小鎮上住下來？他也是把這邊當作了他的歸屬地了。浙江是他的出生地，他一輩子走過了境內外很多地方，但我感覺他在那些地方，更多的時候是一個過客，用他自己的話說，他是「掛單」的。但他到了七都後，第一個感覺就是：我要在這裡住下來。這個住就不是停留，而是在這個地方蓋房子、辦學校，把它作為自己的歸屬地。

我想，南老師選擇這個地方一定有他的道理。這個道理跟我們的吳文化應該是相關的。以他的學養之深厚，肯定有這方面的考慮。

現在大師已去，我們做什麼？這是擺在我們面前的問題。就我個人來說，作為一個曾經和南師結緣、交往頗多的地方官員，我也在思考，我們應該做些什麼，可以做些什麼？即便是在南老師生前，我也一直在考慮，就有這個想法。二〇一〇年八月，我剛到七都工作，當時的想法就是能否請南老師來做一個開講嘉賓，因為他平時也在上大課。我想以他的感召力來扛這一面大旗，事情可能會更容易、更順暢些。

當然後來我也瞭解到，可能南老師不一定接受，因為他不願受到這樣或那樣的約束。後來這件事情也沒有正式地提起。當然我也曾經詢問南老師，能否幫我們安排一些講課活動內容，後來他也做了，包括給長三角這一塊的婦女上了《女性的修養》這樣的大課，這也是他臨終之前的最後幾場大課。

老先生走了以後，我們就在思考，如果我們只是為了紀念而紀念，搞一個紀念活動，大家發表一些追思感言，我覺得可能還是比較粗淺的，層次還是比較低的。

李凡：是要考慮接下南老師傳播國學的這根接力棒嗎？

查旭東：接力棒談不上，我們也不夠格來接這個棒。我覺得我們可以把紀念的內容做得更有價值一點，更充實一點，不是為了紀念而紀念，而是去做一些南師希望看到的，並且具有持續做下去的可能的事。他一向認為每個人能力有大小，不論做多做少，只要盡力而為就有價值。

老太廟文化廣場初建時，發動大家來募捐，他就跟我提出一個觀點：捐一百萬、五百萬是一個功德；捐一塊錢、五塊錢也是一個功德。能力有大小，但是善心不分大小。依他這個觀點，我在想，我們沒有南老師這樣深厚的國學修養，那我們是不是在這個地方就無能為力了？其實我們是可以做一些事情的。這些事情就是我們怎麼樣依託自身的一些優勢，利用好我們的一些資源。對於七都來說，最大的資源可能就是南老師留下的資源，他學問的資源、學術的資源，還有他的學生的資源。我覺得他的這些資源都是可以為我們這個講壇借鑑和使用的。當然大家都有共同的心願，團結在一面旗幟之下，這面最好的旗幟就是南老師的學問、道德和思想。

基於這幾方面的考慮，所以大家走到一起來。每年到了這個季節，我們發出邀請，方方面面都會給予積極的回應，抱著一種踴躍參與的態度，從四面八方匯聚到我們這個地方來。這裡面我們可能更多的是依託了南老師的影響力。到了這個季節，到了老師冥誕的這個時辰，都希望回到這個地方來，表達一份哀思。同時也希望能夠共襄盛舉，為我們的國學傳承做一些事情。我們邀請的主講嘉賓也好，活動的組織者、參與者也好，大家都是把它當作一份責任，把它作為自己份內的事情，而不是覺得我是你請的客人，是來給你捧場的。大家都是主人。

實際上包括南老師的學生和子女，到這裡的感覺就是回家的感覺。我也希望把它變成一個國學大家庭，希望「太湖國學」能夠成為各位同好的一個共同的目的地。這樣呢，我們做這件事情就有了基礎。在此基礎上也必不可少地需要一些硬件的平台及一些軟件服務上的配套。這方面我們政府責無旁貸。但是我們也不會僅僅停留在靠政府來搭台，這個講壇要持續地開展，更多還要依託各個主體，也不排斥市場主體的參與。

當然在目前這個階段，我們的整個活動還是一個公益的事業。但是我們政府希望做一些文化產業的推進，一些文化事業和民生工程，其實都可以有序、有效地納入到跟整個弘揚國學相關的一些活動當中，成為一個組成部分。像我們發展旅遊服務業，發展我們的文化創意、養生養老產業。這些產業表面上看，都是以市場為導向的，但實際上，在它的精神內核上，我們希望找到一個共同點，就是在太湖邊、在七都、在我們二十三公里的岸線上，我們承載的都是與國學、與傳統文化相關的一些內容。

所以包括我們的酒店業、餐飲業、旅遊服務業，這些產業我希望既有各自的個性，大家又一定會有一張共同的名片，那就是我們的「太湖國學」，這個是我們堅持不懈，一直在努力做的事情。可能它的效應並不能一下子迅速地顯現出來，但是假以時日，大家會慢慢看到，我們會形成一個以國學為支撐的文化產業鏈條，而這個文化又不是曲高和寡、高高在上的，不是只有廟堂的聲音，沒有大眾的回應的。我們是希望能夠讓專家和鄉民同處一室，教授說的話也是老百姓聽得懂的話，能夠讓我們傳統文化的精髓接地氣。

這跟南老師所弘揚、講述、傳承的經典也是吻合的。

他為什麼要把一些儒釋道的經典、文章用一些通俗易懂的語言來講述？實際上他在做一個搬運工的工作。就是說，使過去的那些文化的精髓，讓我們現在的人，特別是沒有受過良好教育的人，能夠聽得懂，能夠接受得了。

這個工作是永遠沒有休止的。

南老師走了以後，當然我們可以繼續讀他的書，但是他一個人的力量畢竟是有限的，我們更多的人，我們每一個人，都可以去發揮各自的作用，讓星星之火，能夠燎原。再加上我們目前一個大環境，從中央高層到各級地方，都在重視傳統文化的復興。所以我覺得我們藉好勢、扛好旗，最終是能夠創造一個生動的局面的。

七都小鎮是小，但我覺得這個小不代表我們弱小。因為小，我們希望能夠把它做得精緻一些。這也是我們的定位：精緻小鎮。我們在這片一百多平方公里的土地上，以近十萬人口，能夠把它做得很精緻，很有特色，這就是我們現階段探索的。社會主義新農村也好，新型城鎮化也好，到底做什麼？怎麼做？當然每個地方不可能千篇一律，要尋找各自的特色，各自的個性定位。

那麼我們的個性定位在哪裡？因為處在沿海發達地區、蘇南經濟板塊當中，首先我們有一定的物質條件，可以把我們的小鎮從硬件上做得精緻一些；同時我們又有這個文化底蘊的支撐，有一些大家的足跡給我們提供的一些資源。能否把文化、國學變成地方的一個性格，變成我們地方的一個文化符號？就是說，我不但有骨架，而且有血脈，這個血脈裡流淌的可能就是我們的大度從容的國學素養。這兩個定位，我覺得我們既有了硬件的精緻，又有了軟件的從容。要使這兩個定位，在我們一百多平方公里的土地上，融入十萬老百姓的生產生活中，讓大家能夠身體力行，我們也在做一個積極的嘗試。就是說，我們也在做南老師所宣導的「一畝試驗田」。把我們這個「一畝試驗田」做好了，我覺得從某種意義上來講，它也是一種示範。告訴大家，新型城鎮化可以這麼做。不是簡單地抄襲，不是簡單地仿造某個歐美的小鎮，不是去複製人家。精神的東西，內核的東西你是永遠複製不了的。你只有尋找挖掘你自身的富有生命力的、內在的特質，這樣的鄉村、鄉鎮才是走得久遠的。我們做國學講壇也好，開展老太廟的系列活動也好，實際上都是形式與內容相結合，把兩者有效地嫁接在一起。把政府作為一個組織者，作為一個推手，調動、發揮好市場、社會各個方面的資源和力量，最終共襄盛舉，把這個功在當代、利在千秋的事情做好。

與其坐而論道，不如起而行之

李凡：您怎麼評價這兩屆論壇？這兩次活動的效果您滿意嗎？

查旭東：七都舉辦的這兩屆「太湖國學講壇」活動，如果說去年我們解決了一個有沒有的問題，那麼今年我們就要思考怎麼走得遠的問題。

去年因為南老師剛剛走了，大家還沒有完全從這種悲痛中走出來，自然而然地，在那種情況下，大家所能想到的就是用一種更直接的方式來進行。但當時我們已經意識到，要把這件事情做成不只是簡單的一個紀念活動，要在紀念的基礎上讓它承載一些具有使命感的東西。

當時我們的考慮就是要打造一個屬於七都的文化品牌，這個品牌就是「太湖國學」的品牌，然後設立一個主題。南老師經常說起一副對聯：「佛為心，道為骨，儒為表，大度看世界；技在手，能在身，思在腦，從容過生活」，從中我們選取了兩句話：「大度看世界，從容過生活」，作為首屆太湖國學講壇的主題。我覺得這個活動從構思、發起、籌備，到最後承辦，取得的效果比我們想像的要好一點。

也就是說，從開始到結束，還是得到了大家的認可。至少沒有人對這個活動表示懷疑，認為沒必要、多餘。大家認為做這件事情是有價值的，有意義的。我認為這是第一位的。至於價值有多少，那可能還需要時間來檢驗。

一年過去了，到了今天，也可以說，實際上到了對這個價值進行檢驗評估的時候。這個價值怎麼來體現？

從我們籌辦第二屆國學講壇以來，在各方面都得到了主動的、積極的回應。舉辦第一屆活動的時候，還需要做一些解釋工作和一些宣傳推介，我們邀請講師、邀請嘉賓還需要做一些理念上的詮釋溝通。今年這個就已經不是障礙了，大家覺得很榮幸，或是很樂意成為這項活動的參與者。

還有一個很有趣的現象，去年講壇的聽眾實際上大部分是由我們組織的。就是說，通過我們政府的各個相關部門，或者我們的一些社團組織，發動了一些企業家團體、婦女團體等，組織他們來聽講。

但是今年，這個情況就反過來了。從我們發佈活動舉辦時間和主題內容之後，就有很多團體和個人來詢問：這個活動我可不可以參加？在哪個地方舉辦啊？大家就變得主動來關心這件事情，所以今年我們對聽眾就採取發放入場券的形式，當然目前仍是免費的。

從之前擔心沒人來聽，到現在我們要控制現場的人數，我覺得這本身就是一個進步的體現。此外，首屆國學講壇的成果還有一個體現，就是我們把去年的講座內容彙編成冊，集成一本書，就是太湖國學講壇書系之《明月依舊》。

彙編的目的有兩個：一是把講壇成果的效應放大。不是說去年的活動結束了，就沒有了。而是用文字的形式把它固定下來，讓它傳播開去。第二個目的就是要把它做成一個可傳播、讓大家有購買慾和閱讀慾的一個產品。它是能夠自己推向市場、走向市場的，而不是靠我們政府來補助，讓政府來購買這個產品。讓我感到很欣喜的一點，就是這本書出來之後，陸陸續續有很多人來跟我們索取，或者跟我們打聽，到哪裡去買，在哪個書店能夠買到。這說明什麼？說明這本書推出之後，受到了歡迎。說明了我們的活動，包括我們的首屆太湖國學講壇得到了各方的認可。這些給我們舉辦第二屆的活動提供了支撐和信心。

李凡：這兩屆活動有何共同點和不同點？有哪些不足之處？

查旭東：首先，我覺得兩個活動還是保持了一個繼承性、延續性的。在這個基礎上，最大的區別，如果說去年我們對主題的考慮還欠深入的話，今年我們從一開始就考慮得多一點。我們希望每年確定一個不同的主題，在主題的選定上切入點不宜太大。不要把它的範圍設計得過寬，我們希望每一屆講壇都是一個專題的講座，這樣能夠形成比較有深度的開挖，也避免每一次講壇內容的雷同和重複，可以逐步地有序地來推。

當然從順序上也可以學習借鑑南老師的一些文章和觀點。南老師講課的順序可能是隨機的，他會根據講課對象的不同、內容的不同而有所調整、側重。而他對於書目出版的次序則極為看重，認為次序上顛倒了，會給我們的讀者帶來一些不必要的困擾和負面的影響。所以他會給學生和家長開書單，開列書單的目的其實不僅僅是解決讀什麼書的問題，更主要的是要解決讀書的順序。就是有的讀物你讀的次序不能把它顛倒了。你要先把一些普遍性、基礎性的東西學扎實了，然後再去涉及、去閱讀、理解一些比較艱深、需要一定鑑別力的東西。

那麼以後我們舉辦講壇也要遵循這個原則。我們打算每年至少舉辦一次講壇，當然這個時間節點也不是一成不變的。現階段我們是結合了南老師的逝世週年紀念，以後隨著太湖大講堂的落成，希望這個大講堂就是我們「太湖國學講壇」的一個永久的場所，成為類似於海南博鰲這樣的論壇，是一個永久性的會場。講壇的內容，既可以是國學的，又可以是我們各個嘉賓的一些系列的聲音，都可以在這裡面呈現。

比如老太廟，為什麼我們要請成都文殊院的宗性法師做嘉賓，請他成為這個老太廟的兼職住持？除了他與南老師的特殊淵源，還因為他也給了老太廟一個定位——老太廟不單是一個普通信眾供奉的寺廟，而且是一個能夠弘揚佛法、傳播經典的文化場所。以後他會經常在這裡傳經弘道。當然也可以邀請一些出家的、在家的道友、學者來講課。

這樣慢慢地也就會解決我最大的一個困擾，就是你前面問我的：碰到了哪些困難？遇到了哪些難題？其實政府扛這面旗只能是帶一個頭。我們還是希望能夠慢慢地把它交給有理想、有願望，同時有能力又有實力來做的個人、團體或組織。

就是說，我們慢慢地要把這個國學講壇活動交給一個獨立的協力廠商去承辦。這樣可以解決一個問題，就是這個活動能夠不因我們地方領導的更迭而改變，也不因我們的注意力和工作重點的轉移而產生偏差，就能夠保證這個活動的主體有活力、有生命力地存續下去，使我們這個大講堂連續地辦下去。甚至以後可以變成一個實實在在的、類似一個培訓機構一樣的平台，而不是一個階段性的存在。

政府只能領個頭，做一個示範。更好的示範當然是南老師的太湖大學堂，他創辦了太湖大學堂，本身就是一個示範。怎麼來弘揚傳統文化？可能還是需要有平台、有載體、有內容，還要有人去做。這幾個方面都是缺一不可的。

作為七都的一個地方領導，畢竟它不是我工作的全部，不可能占去我太多的精力，我也只能在每年抽出一定時間，在這個時間段內可能投入的精力多一些。目前可能它還需要一個過渡，還需要我們政府堅持一段時間來做。總的來說，我覺得做這個事情，對地方、對老百姓，包括對弘揚我們國家現在所宣導的核心價值觀，都是有好處的。

與其坐而論道，不如起而行之。這也是我們搞這個活動的一個初衷。

我跟南老師交往，最大的一個感受就是：說一千、道一萬，不如你實實在在幹一件。這也是南老師當時辦太湖大學堂、辦太湖國際實驗學校的目的。他說，我說了那麼多，跟你們講了那麼多，你們都不去做。他實在忍不住，就不惜在耄耋之年身體力行。他做的好多事，像修金溫鐵路也好，推廣經典誦讀也好，都是在他七八十歲時做的。後來在他九十多歲高齡的時候還在親力親為，自己指導和做一些事情，對於我們很多人來說，我覺得是要深刻反省自己的。

今天上午為什麼我要在活動現場推崇、讚揚劉雨虹老師？其實我還有一句潛台詞沒說：我們很多人可能只是停留在當評論家、演說家、指揮家的角色，但是就沒有認真想過自己要不要去當一個實踐者。就是南老師解釋《論語》「學而時習之」的這個「習」，不是溫習而是要實習、實踐的。你要點評一件事情是很容易的，做事情就很難。你認為找一個自以為正確的角度，就可以對一件事、一個人指手畫腳、說三道四。你有沒有想過，一個人在做一件事情前，從起心動念、一磚一瓦，其實都有一份心力在裡面。

南老師經常講，什麼叫功德？「事而功成者，謂之德。」做事有貢獻有成果的都謂之功，有效果的累積謂之德，無功不叫德。你做事情，不但要做，而且要把它做成功了。我們有些人是有念頭、有想法，但是不去做；有些人虎頭蛇尾，雖然做了，但是半途而廢，做了一半扔掉了，那也稱不上功德。所以怎麼樣把這份事業、功德做好才是關鍵。

如果大家都這樣想，就能真正聚沙成塔。所以事情不在大小，不在多少，只要每個人都能夠做，就可以把事情做好。那麼我想如果我們七都這樣，我們吳江如此，我們不同的區域，大家都這樣，結果就會大不相同。

我們先不講功德，就講我們中華民族的偉大復興。中華民族的復興，經濟復興我覺得一點問題也沒有。可能我們現在最大的難題就是文化的復興。我認為，就目前來說，這個還是滯後於我們的經濟和物質發展的。總書記和中央高層對孔子、對傳統文化這麼重視，我想可能也是意識到這一點的。我們做好自己的事情，在某種意義上也就是支持了大家的，支持了國家的。還是埋頭幹事更重要。

時不我待，要實實在在地做事情

李凡：我參與了這兩屆活動，注意到每一次老師的講座您自始至終都是參與的。數天來我也接觸到鎮裡的其他幾位幹部，他們評價您有眼光，境界不是一般人都有的。作為一個地方官員，您的眼光和境界是怎麼煉成的？這和您個人的成長有沒有關係？

查旭東：肯定有關係。你想，給了你平台，給了你這個舞台，你渾渾噩噩，做一天和尚撞一天鐘，也很容易度過。如果我在這個任上混日子，可能一晃也就過去了。但是時間對於每個人都是短暫的。我喜歡說一句話，叫「有效的政治生命」。你要有這麼一種時不我待的緊迫感。南老師在八十六歲的時候，還要考慮建學堂，九十二歲的時候還要考慮辦小學，他就是著急啊，時間對他來說確實是不夠用的。怎麼讓我們有限的生命發揮出最大的價值？這也是我時時在考慮的。

南老師還經常講，什麼叫事業？按照傳統的解釋，「舉而措之於天下之民」，這個叫事業。也就是說，做任何事情，你要利己、利人、利天下。當然我們也談不上天下，但是作為執政一方的父母官，我覺得有這個責任，實際上你不做，就浪費了很多給予你的資源。上級也好，群眾也好，交給了你一個舞台，一片空間，你沒有在你的任上實實在在做一些事情，其實你就對不起你占據的這份資源。我覺得人確確實實要有一份感恩，一份敬畏。人在做，天在看，你做了好事還是壞事，大家是看得到的。

按照佛家的說法，你今天所做，跟你前世、今生和來世都有關係。當然我們共產黨人不相信這些，不推崇這些，但是這不代表我們不應該這樣去做。比如說，要有敬畏的心理。我們為什麼要反覆強調反對奢靡之風、官僚主義？因為如果你不抱敬畏心理，最終你認為不需要敬畏的對象會把你推翻，趕你下台。魚水關係實際上任何時候都是不能淡忘的。

自古理政也好，我們現在強調的現代執政體系也好，這裡面最核心的，說到底的，離不開的，還是儒家的一些傳統思想。很多時候你會發現，解釋當代的事，說服現代的人，老祖宗的話拿來一句就頂你一萬句。

所以為什麼南老師經常會說一句話，叫述而不著。他覺得我們現在寫的文章水準有限。他說你們寫個博士論文，膽子太大了，動不動洋洋灑灑多少萬字，你們寫的話加起來一籮筐，老祖宗可能一句話全概括了，甚至比你總結的更精要，更到位。今天我們從傳統文化當中去汲取養分，為我所用，對於我們當今的管理也好，我們的執政行為也好，會產生實實在在的幫助，我覺得這是有意義的。

作為我個人來說，我也希望通過跟這些專家、學者近距離的交往，從他們身上吸收對我的事業、對我的工作有益的養分，所以不存在我聽他們的課是我給他們面子，而是他們給了我營養，給了我養分。我覺得，通過跟他們的交往、交流，能夠促進我、幫助我更好地履行我的職責。

同時這又是相生相長的。我也希望我的作為本身也能給我們的專家、學者提供素材，也能給他們提供養分，這也是為什麼我們要跟南京大學合作搞群學書院，為什麼一些專家學者願意到我們這個地方來，設立文化的機構、辦文化的事業。他們覺得，可以在這個地方找到文化的基因、文化的養分。這個時候，兩者之間其實已經是相生相長了，最終就能達到枝繁葉茂的效果。一旦它成林成片的時候，哪一個單方面想要去扭轉它、想要去改變它都是非常困難的。可能今天我們看到的還只是一棵小苗，還需要我們去澆水、施肥。一旦它長大了，成林了，那個時候更多的人就可以受到它的蔭庇，可能那個時候大家都是受益者。

南老師說，他要接續文化的斷層，他要把我們這一百年斷掉的中華文化接上去。我們沒有他那麼大的氣魄。但是我們是否也應該做一些事情？我們做些添磚加瓦的工作，給後人留一些東西，這樣至少不留遺憾。對於我來說，就是要不留遺憾。不敢說為官一任，造福一方，至少為官一任，不要遺憾一方。不要走了以後，留下一個罵名。

所以我做事情給大家一個感覺，就是比較急迫，也會造成一些誤解。我希望能夠盡快把一些事情做成。當然，我也知道，很多事情著急是沒有用的。但是總得有人去做，有的時候時間也不等人。今天我不做，也許人家會做。我們這個地方不做，其他地方在做。所以我希望我們還是要有一種緊迫感，有一些事情要盡我們所能做在前面。

李凡：看得出來，您是一個有文化抱負的官員。您這麼著急要做成一些事情，也算是一份功德。

查旭東：談不上有文化抱負，我現在主要是怕南老師來找我。我不做事，他要來催我了。

李凡：我聽說您跟南老師的私交非常好，有很多比您級別高的官員來找他，他都拒而不見，但是每次您去找他，他都要和您見面，這是為什麼？

查旭東：我想這不僅僅是對我個人的認同。有一次我開玩笑說，我跟他的一個最大的相同點，就是大家都是想做事的人。當然我的事業跟他的事業不可相提並論、同日而語。但是相同的一點，大家覺得就是要實實在在地做事情。我覺得這個可能是最重要的。

還有一個，可能也跟每一個人的經歷有關，南老師之所以能成為大家，其實也跟他的經歷是相關的。這個在朱清時校長的訪談中也談過。我們百歲的老人、百歲的學者也不缺。但是只有南懷瑾老師在他的百年當中，沒有荒廢時日，在每個重大歷史轉捩點，他又是親身經歷者。他個人的履歷，決定了他有他的閱歷，有他的眼界，有他的獨到的眼光。他從來不把自己歸類為一個學者，他從來不用考據的方式去得出一個觀點，找一大堆理論依據，找一大堆經典來支撐。他不是這樣的。其實他最大的人生的支撐點是他人生的閱歷和他豐富的經歷。他講課的很多東西都是信手拈來的，很多時候他都會講到他人生當中的某一段經歷，這些東西已經內化為自身的東西，是從心靈深處流出來的東西。

學問要做到這個地步是不容易的。我說我跟他有點像，這個像就是一點皮毛。我也經歷了很多個崗位的輪替，也許這方面有點相似。所以有一次吃飯時我就跟他開玩笑，我說，南老師，我也經歷了五六個崗位的變化。其實人生每經歷一個崗位，就是給你一個轉折的機會，當然這裡面還有一個，就是你個人要有心。在不同崗位當中，要理解和感悟一些東西。同樣一件事情，有的人做了一輩子，得不到什麼觸動。有的人重複做了兩三次，馬上就意識到，這裡面其實是有規律可循的，是可以通過總結來提高和改善的。這就是人與人的差別，有的時候也就是有心與無心的差別。

國學是一個接地氣的學問

李凡：您怎麼看待今天的國學熱？對於現階段各地風起雲湧的國學培訓您有什麼高見？

查旭東：說到底國學還是一個接地氣的學問，千萬不能把它變成「高大上」，或者一些所謂高層人士、成功人士，功成名就，或者賺了錢了，想要找一個心靈的寄託，或者想到要皈依佛祖了，才想到要尋找傳統文化的慰藉了，把它看成一個寄託。

國學不僅僅是一個寄託，它更多的是一個日常的教化，行為的規範。這也是為什麼每一年活動我們都要跟七都當地的孝賢表彰結合來做。就是要舉辦這樣一種讓身邊人講給身邊人聽，類似於我們的百姓講壇的活動。

我們請專家學者來，也是反覆跟他們強調，一定要精簡，要接地氣，經典少引用一點沒關係，但是一定要用一些非常淺顯的、直白的語言和一些事例讓你的聽眾覺得感同身受，覺得國學就在我們身邊。

國學不是深奧的學問，每個人都可以是一個實踐者，一個參與者。這也是南懷瑾老師一貫宣導的。他就是認為，不要以為你是大學教授你就高人一等。村裡的一個老頭，他的行為方式，他的做事方式，符合傳統文化的規範，那他就是一個傳統文化的代表，而你讀了很多書，不一定就是代表了傳統文化。這可能是我們現階段好多國學中心、國學研究院、國學研習機構，包括我們的大學辦的很多國學培訓班需要面對的問題。

我們跟南京大學合作，為什麼我要讓它把群學書院辦到七都來？如果你僅僅是在大學校園裡面辦一個書院，組織一些學生定期出來采風，到農民家裡去住兩天，當然這也是一種方式，但是你解決不了接地氣的根本問題。你要真正地紮根在這裡。為什麼費孝通先生能夠在這裡寫出《江村經濟》？他是在這個地方生活了一段時間的，挨家挨戶和當地人接觸，這樣才寫出了他的感悟，真正地得出他的結論。

現在好多時候，我們的專家也好、教授也好，寫論文寫文章就是先有了觀點，然後再找素材，找自己需要的一些論據，實際上這些東西是脫離了實際的，脫離了老百姓的一些真實的想法的。怎麼樣把我們的草根優勢跟我們的學院派結合好？這個其實是有探索意義的。

我發現，南老師在講課當中，很注意幾個群體：第一是婦女群體，他覺得每個家庭，母教是第一位的。第二是官員群體，他覺得這些人身上每個人都有教化子民的職責。小到一個地方官，大到省部級、中央級官員，他們可以把學到的東西結合到他們的施政行為當中的。第三個群體是企業家群體，一個企業就是一個小社會，小的企業幾百號人，大的企業幾萬人，那麼這些人可以通過一個社團、一個企業的文化的營造來改變一些人，改變他們的生活習慣、生產習慣，進而改變他的家庭。

南老師覺得要通過這三類人，把他的一些觀點、一些為人處世的方式、一些生活的方式傳播開去。恰恰他注意得比較少的一類人，就是專家學者這一類人。當然他也會到大學去上課，但是在他的晚年，據我觀察，這個倒不是他講課的主要對象。也許是他覺得，我們這個時代，現在更迫切的是要有人去做。當然說是重要的，但是說了之後誰去做，這個更重要。

所以他要解決一個執行的問題，也就是我們現在講的執行力的問題。誰來實施？大家都知道優秀傳統文化是好的，是重要的，那麼誰來做？不能搞了半天，知道孔子的都是老外，我們華人的後代倒不懂，不知道孔子是幹什麼的，是說什麼的，那這個就有問題了。所以傳統文化這一塊他是抱著搶救的心態來對待的。他認為這個事情很著急，等不及。為什麼當時我們提出來很多事情，他要支援？他支持的不是讓你們搞一個活動，創一個品牌，這個不是他所感興趣的。他所感興趣的是你能不能做一點實實在在的事情，哪怕你受益的人群是一百號人、一千號人，他覺得你只要去影響一群人，小到一個家庭，大到一個單位、一個地方，可能這個意義價值就體現出來了。

我對於跟大專院校和科研機構的合作一直都抱持一種慎重的態度。因為他們往往有一套固定的模式，我怕被帶著走，最後把我們自己的一些核心理念給淹沒了。除了平台是要面向大眾的，重點是內容方面，如果你講的還是一些文縐縐的話，老百姓聽不懂。

南老師講課，很直白，像有一句話：「英雄征服了天下，但沒能征服自己；聖人征服了自己，卻不要征服天下。」這句話一說，大家就把英雄和聖人的區別搞清楚了。他老人家就是如此，用一些淺顯易懂的話來傳遞出正能量。

李凡：接著南老師的正能量，我們在普及上多做一些事情，學術上，當然是另外一個圈子。我們也去用力，但不是重點？

查旭東：是。我覺得我們可能更多的是去做傳播。而且前面要加兩個字，叫有效傳播。所以我想，打造「太湖國學」品牌，特點在哪裡？我就想樹立一個特點，就是不受體制約束。雖然我也是體制內的人，但是我想要打破這一點。所以你看某些論壇，一年一次或者兩年一次，搞得很隆重，規格很高，但是回過頭來問，到底留下了什麼呢？沒人知道它的成果是什麼。也就是說，很多時候，可能我們官方組織的活動，搞到最後更看重的是個形式，是個過程，卻把最重要的內容給忽略了。反倒是像南老師這樣民間的力量，在身體力行，在鍥而不捨地努力。而且他是用了七十年的人生在做這件事情。

到底應該做什麼？

我有時會和一些領導、同事開玩笑說，我們的一些官員退下來之後，想的是能不能保留待遇，辦公室不要撤啊，車子、秘書繼續配啊。我說你看人家南老師，九十多歲了，他不是考慮我要爭取什麼待遇，他是考慮我能不能再做點什麼事情。這就是境界的不同！推孔子是對的。「我們大中華」，這是習總書記會見臺灣代表團時說的話。最後一定是在文化上找契合點。社會主義核心價值觀的源泉一定是優秀傳統文化。這個話一講，他也沒有限制在裡面，就看你有沒有找準，把它找出來。可以從中提煉屬於我們全體華人的共同的文化觀、價值觀，成為中華民族共同的遵循和堅守。既適用於當代，又是延續了傳統的，站在一個延續的概念上，兩者並不是矛盾的。

第三篇　家國春秋

百歲老人的長壽「秘訣」

俗話說：「家有一老，勝似一寶。」隨著人們生活水準和醫療水準的極大提升，國人的平均壽命達到了八十歲上下。一個不容置疑的現象是，大家身邊的長壽老人越來越多了，「人生百歲」也不再「稀奇」。如果說人均壽命的提升有賴於物質條件和醫療條件的改善，而百歲老人的增加，則更多是個人健康的人生態度、良好的生活習慣使然。走近這些百歲老人，你會有一些有趣的發現，也稱得上他們的長壽「秘訣」。

今年的重陽節前夕（十月二十一日），筆者有幸與吳江本地的徐漢武老人（一百零五歲）近距離交談、交流，發現他的一些生活小常識和獨特習慣，也許恰恰是他的長壽「秘訣」所在。

多活動

一百零五歲的徐老，至今仍四肢康健、身體敏捷，他每日堅持出門溜達一趟，或步行、或坐公交，風雨無阻、寒暑不易。百歲老人劉雨虹先生也說：要想「活」，就得「動」，這充分說明老年人「動」的重要性。當然，這個「動」不是劇烈的體育運動，而是保持適當的運動量，以此活動身體的各個關節、器官。

勤用腦

與「動」相對的是「靜」。常有人用「千年的烏龜」來形容「靜養」的道理。其實，外在的「靜」，並不代表內在也「不動」，「勤用腦」也是一種「動」，並且可能是更重要的運動。

在與徐老的閒聊中得知，老人早年供職於本地商業系統，雖然只是一名普通職工，但也屬於當年的「知識份子」了。畢竟，在他這個年齡段，想做好一個「帳房先生」，沒有一定文化、不會珠算記帳也是難以勝任的。這也讓徐老養成了遇事愛琢磨、凡事勤用腦的好習慣。

有愛好

初到徐漢武老人家中坐定，大家爭著和徐老合影，要沾沾百歲老人的「仙氣」。不料徐老卻示意要換個位置、角度，因為我們站的地方背對著窗戶，正好背光。原來徐老愛好攝影，對光影處理自然懂得。另外，老人家還喜歡琢磨插花，拾掇一些花草，屋內的鮮花也透著生機與活力。身處其間，很難想像這是一個一百零五歲老人的獨居之所（兒孫並不同住，只輪流來照看）。

善飲食

負責照看老人飲食起居的阿姨告訴我們，徐老「無肉不歡」，每天必須有一個葷菜才能下飯。這似乎正解釋了一個百歲有餘的老人，每天還能外出活動的原因。

當然，飲食的葷素、多寡，因人而異，但保證足夠的營養，保持良好的習慣，一定是不可少的。

愛乾淨

相信對大多數年輕人來說，能夠堅持每天洗澡已屬不易。但一百零五歲的徐漢武老人，卻在期頤之年，做到每天早晚各洗一次澡。

可見，一個人愛乾淨，做好個人內務衛生，保持乾淨、清爽，不單可以保證一天有個良好的精神狀態，也有利於健康長壽！

輕錢財

徐老的家中陳設簡單、整潔，看得出家境並不富裕，兒孫也多是普通工薪階層。老人自己的退休工資，加上政府給予高齡老人的特殊補助，每月也不過幾千元的收入。

即使如此，徐老並不像一般老人那樣「摳」，他堅持自己花錢雇用阿姨、支付日常，並不多花小輩的錢。

錢財身外物，不為物欲所困，既是一種生活態度，也是一種難得的品質。對年輕人如此，對老年人也是一樣。作為百歲老人，能做到如此豁達、通透，不失為另一種養生之道。

也許有人會說：這幾條，我都可以做到。但難的是，這些習慣的養成不是一朝一夕的，也不是偶爾為之，而是需要長久堅持的。如果等到了徐老這個年齡，還能做到，那就證明你成功了。

二〇二〇年十二月二日

「健康碼」健康嗎？

新冠肺炎疫情之下，有一樣東西成了出門必備的「生活必需品」：「健康碼」。偶爾出差去外地，更得時刻小心、留意，下載、註冊當地的「健康碼」，成了新興的差旅必備「神器」。

應該說，與二〇〇三年非典時期相比，正是由於有了信息、數位技術突飛猛進的發展，這一次疫情期間，在大數據研判、人員跟蹤、識別、管控方面，增加了許多新的有效手段，「健康碼」的使用就是一例。但在「健康碼」的管理和使用上，也有一些不盡如人意的地方，並存在各種「變異」的可能，值得警惕和重視。

「散裝的」「健康碼」

各地的「健康碼」名稱各異：北京有「健康寶」、上海有「隨申碼」、廣東有「粵康碼」……「散裝」的江蘇，再次顯示其「蘇大強」的特點，各地級市紛紛推出各自的「健康碼」：「蘇城碼」、「錫康碼」、「彭城碼」、「易來通」、「連心通」……不一而足。好在一省的「散裝」已經結束（歸於全省統一的「蘇康碼」），但各省的「散裝」局面卻仍是常態。在這場「健康碼」信息資源的爭奪戰中，除了地域之間，部門之間也是鉚足了勁兒，成為爭奪戰的「主角」，各路「神仙」可謂「各顯神通」、「齊抓共管」。衛生防疫、公安政法、政務服務等部門，因工作之便，無疑占有得天獨厚的優勢，可以動用各方資源、名正言順地採集、使用。通知、發動、督查、考核、排名，不亦樂乎。而在技術、行政資源等各方面占有特殊優勢地位的「國家碼」，由於眾所周知的原因，卻在這場「健康碼」爭奪戰中「姍姍來遲」，但並未表現出咄咄逼人的強勢，而是把選擇、裁判權交給了各省。

公共安全和個人隱私

「健康碼」的推廣和使用，出發點是防疫所需，是為了最大限度維護公共安全。雖事涉公民個人隱私（這也是西方社會爭議、詬病我們的焦點之一），但畢竟還是利大於弊的。客觀公正地說，為了保障公眾利益，讓渡、犧牲一部分個人隱私信息，也在情理之中，社會公眾也給予了充分的理解和配合。而在圍繞「健康碼」採集、管理、使用的整個過程中，唯一缺少話語權的恰恰是普通公眾，屬於被動接受的一方，並且是被剝奪了選擇權的一方。如果過度、頻繁地採集個人信息數據，是否合理、必須，有無安全隱患？這確實是令人存疑、值得商榷的。

看不見的「利益鏈」

基於公民個人身份信息、記錄手機軌跡的「健康碼」，原本是為了方便識別、快速放行的一個App、小程序，現實中卻早已超越了三色「二維碼」的範疇，正被賦予越來越多的內容和作用。在「流量（數據）為王」的時代，「健康碼」成了一種資源、一個工具，也成為各方爭奪的焦點。為的都是自家的數據庫能更完整、覆蓋面更廣、使用頻率更高。如此各家各類的App，也就有了延伸拓展其功能的機會，有了「增值服務」的空間，有了長久「生存」的價值。面對這麼一個千載難逢的機會，一向注重部門利益的「各路諸侯」怎肯輕易放過。支付寶等電商平台、移動電信等運營商，則利用其覆蓋面廣、技術力量集中等優勢，積極參與其中，提供技術上的支援和保障，自然也會是數據分享的受益者。

信任和責任

自疫情爆發以來，中國政府和人民表現出色，疫情防控取得了輝煌戰績。其中，離不開中央政府的果斷決策，離不開廣大醫護工作者、基層幹部、志願者們的奉獻和付出，更離不開全體人民眾志成城的支持和配合。不得不說，在「中美博弈」的大背景下，我們用疫情防控的優異表現，取得了公眾對黨和政府百分之九十五以上的信任、滿意度，如果因為一個小小的「健康碼」，因為少數部門的局部利益，而失信於民，忘記了肩負的責任，辜負了人民的善良和信任，真正是得不償失的。「健康碼」如果變色，需要隔離、檢測；而如果「健康碼」自身不健康，則更需要「隔離」和「檢測」了。

二〇二〇年八月五日

「人道」與「獸道」

新冠肺炎疫情之下，短短數月間，東西方形勢發生了驚天逆轉。由此，也引發了關於東西方文化、人性、價值觀差異的爭辯。雖說文明沒有高低貴賤之分，但區別卻是顯而易見的。

南懷瑾先生在講解《列子》時說：達爾文的《進化論》，弱肉強食理論，就是《列子》的這句話，「勝者為制，是禽獸也」。以強凌弱，就算成功，也不是人類文化，那是禽獸的文化。

中國自古以來的傳統文化，貫穿的是「仁」的思想，強調的是扶助弱小，仁愛慈悲。區別於自然界的「物競天擇，適者生存」。這是人文文化與禽獸文化根本不同的地方。

西方社會雖然有「自由、平等、博愛」的思想，但在對待異族、異己時，往往以「征服者」、「掠奪者」的姿態出現，以強權當公理，以獸道代替人道。

縱觀人類歷史，只有中國人早已做到了「人類大同」的理念，即以「王道治天下」。中華民族從來不肯侵略他人，只有「忍辱謙讓」，即便對於外族入侵欺凌，也能以文化的力量，浸潤感化而使之融歸於一體的「人道」之中。我們今天所講的「人類命運共同體」，應該也是一脈相承於此。

反觀今日以美國為代表的西方某些政客、「精英」、媒體，在霸權、利益、話語權等遭遇挑戰時，其「征服、殘殺」的「獸道」本能展露無遺，「人權衛士」、「平等、博愛」的「遮羞布」早已拋諸腦後。對自己締造的規則尚可以「合則用，不合則棄」，遑論其他。

以「人道」對「獸道」，完全在兩個不同的「頻道」上，講道理是沒有用的，無異於「對牛彈琴」。有人說「永遠叫不醒一個裝睡的人」，如果他原本只是「獸」，又何必多此一舉！對付「禽獸」，最好的辦法只能是「鞭子」、「夾子」和「籠子」：讓他「痛」，可以長記性；讓他「難受」，可以守規矩。

我們應該做的，既要不斷地強大自己、推己及人，也要及時地調整方法、策略，不能一味地隱忍、退讓，更不應該遷就、縱容。與小人論君子，無異於對「禽獸」講人道，本身就是不「人道」的。切不可學「農夫」，去餵養那條咬人的「毒蛇」。

畢竟，我們歷史上遭遇的「獸道」文化遠不止一次兩次，而唯有華夏文明能夠留傳至今，一定是有其道理的。

「正邪不兩立」，「邪不勝正」。這是天道，也是歷史規律！

二〇二〇年四月五日

天心・人心・初心

二〇二〇年（農曆庚子年）的這個春天，註定被一場叫「新冠病毒肺炎」的疫情給定格了。瘟疫論、陰謀論，一時充斥了國人的眼球。當人們找不到合適的理由時，歸源於不可測的「天災」或不可說的「陰謀」，便成了理想的選擇。

而我們的國民，註定又是健忘的，當疫情退去，一切又會恢復往常。除了那些直接經受了這場苦難的人，更多人只是看客、過客，彷彿什麼都沒有發生過，直至下一場災難的來臨……

南懷瑾先生說：「莫道庚子多禍事，觸動天心是人心。」又說：「人如無貪，天下太平；人如無嗔，天下安寧。願天常生好人，願人常做好事。」

在大自然面前，人類是渺小的、脆弱的，甚至是無助的，但很多時候卻並非是無辜的。

天心是人心

古代先賢說「人心即天心」，所謂「天視自我民視，天聽自我民聽」。當然，這個「人心」絕不是個別人的「貪心」和「野心」，而應是屬於全人類的「正心、正信、正念」。

歷代帝王自詡「天子」，代天巡狩、安邦牧民，於是「朕心」即「天心」。開明的君主，也會以順「民心」來得「天心」。是故，儒家思想歷來為治世之良器。

今日社會，伴隨經濟、物質的高速發展而來的，是人類精神的日益空虛和欲求的永無止境。整個世界猶如一匹脫韁的野馬，一路狂奔，卻漫無目的。「人心」如此，世風不古，終為「天心」所棄。

人心喚初心

也許，我們真的應該習慣慢下來、靜下來，好好思考一下，我們到底是為了什麼而出發？

在新時代，中國共產黨人向世人昭示了自己的初心和使命，就是「為中國人民謀幸福」、「為中華民族謀復興」，並以建設「人類命運的共同體」為己任。一個執政黨，能夠有這樣的初心使命，不可謂不恢宏，無疑是正信、正念、正行，是值得推崇並為之奮鬥的。

那麼，作為普通人的「初心」又該是什麼呢？

南懷瑾先生說，人最寶貴的是「四個初心」，也即孟子所講的「人之四端」：「惻隱之心，仁之端也；羞惡之心，義之端也；辭讓之心，禮之端也；是非之心，智之端也。」（《孟子・公孫丑上》）

可見，人之所以為「人」，首先是要有「惻隱、羞惡、辭讓、是非」這「四心」，才稱得上「仁、義、禮、智」這「四端」。如果連「人」都做不了、做不好，又遑論其他。

當災難來襲，一切貌似偶然，實則蘊含必然。當人們不再敬畏自然，當人們索取無度，當人們漠視弱小，自然法則的懲戒便只是時間的早晚而已。

二〇二〇年二月二十一日

「聽」話的道理

宋儒田錫，是北宋著名的諫臣，以敢言直諫著稱。他死後，宋真宗稱之「直臣也」，范仲淹親撰墓誌銘中稱其「天下正人也」，蘇東坡謂其「古之遺直也」！

田錫寫過一篇〈聽箴〉：「聽貴於微，方謂之聰。無怒抗直，無悅順從。順從之言，如簧如綺，聞之勿喜，當酌於理；抗直之言，如鋒如鋩，勿以為傷，當從其長。未必逆耳皆謂之是；未必順詞皆生於疑。外得所聞，內宜深思，無自忽略，差於毫釐……」

這篇短文說的是當「老闆」、做「領導」的，「聽」取不同意見時所應有的態度：無論是「抗直之言」，還是「順從之言」，作為「聽」者，應該「無怒」、「勿喜」，當「酌於理」、「從其長」。

更為可貴的，人們常說「忠言逆耳」，而田錫則認為並非「逆耳」的都是良言，也可能是「無理取鬧」；好的意見也可以是「順詞」，這有點類似於「批評的藝術」。關鍵還在於「聽」者自己的思考和判斷：「外得所聞，內宜深思」。

當然，這有一個重要的前提，即身居上位者，首先要願意聽、聽得到、聽得進。如果充耳不聞、閉目塞聽，則一切皆是枉然。所以，開明的「老闆」會選擇「廣開言路」、「言者無罪」。

在網路時代的今天，人人都可以是「言官」、「御史」，提批評意見的管道、方式有很多，但既然是批評意見，多半不會是「順從之言」。這就需要「聽」者有足夠的胸襟、氣度和勇氣。「讓人說話，天塌不下來」。

「聽貴於微，方謂之聰」。「說」需要智慧，而「聽」需要勇氣；又或「說」需要勇氣，而「聽」需要智慧。說話難，聽話更難！

二〇二〇年三月十二日

也說「佛系」

初聞「佛系」這個辭，還是有幾分詫異和錯愕的，畢竟說這話的都不是佛門子弟。據說，「佛系」一辭還是從日本傳入的，後經網路及新媒體的傳播，儼然已成為一種文化現象，意指無欲無求、不悲不喜、雲淡風輕而追求內心平和的生活態度。

一時間，「佛系男（女）子」、「佛系育兒」、「佛系打工」、「佛系投資人」等，成為一種時髦用語。扛著「佛」的招牌、選擇「佛系」生活，成為某些人順其自然、隨波逐流的一種藉口和託辭，似乎也情有可原、無可指摘了。

令人不解的是，當「佛系」成為一個明顯缺少正能量，並帶有一定負面色彩的流行語時，真正過著「佛家」生活，對「佛系」應該最有發言權的佛門子弟，卻集體噤聲，不屑做任何爭辯。難道佛教界也真的「佛系」了？反正「佛」字也非佛家專用，佛家也勸人「不執著於五欲六塵，不執著於財色名食睡」。

但佛家智慧也是宣揚積極向上的正能量的，佛教經典也不乏強調：勇猛精進，發大慚愧心，反觀自照；克制貪嗔癡慢疑，合乎仁義禮智信，等等。為何這些卻不能成為「佛系」的正解呢？

而之所以公眾對「佛系」的理解很自然地偏向於消極、避世、無所作為，應該或多或少也與大家對部分佛家子弟的表現認知有關吧。

筆者無意貶損佛門清譽，但現實中確有一些不和諧的現象存在。比如諸多現代寺廟，建得越來越恢宏氣派、富麗堂皇，卻離老百姓越來越遠；也有一些一擲千金的「富和尚」、企業化管理的「職業和尚」、坑蒙拐騙的「假和尚」，真正是「做一日和尚，撞一天鐘」。

由此，讓我想起南懷瑾先生生前，發生在太湖大學堂「人民公社」餐桌上的一件逸聞往事。

記得那天晚上，南懷瑾先生對來訪的浙江省、杭州市兩級宗教局的領導說（大意）：浙江是宗教大省，佛教寺院眾多，更有靈隱、普陀這樣的古寺名剎，香火都很旺盛，應該要讓這些方丈、住持多做善事、積功德，要回饋社會、關愛弱小，而不是一味只依賴別人來供養。南師還說：過去的寺廟都有自己的廟產，基本是自食其力的，每逢災年，還會搭粥棚、施義粥，救濟災民。南師甚至說：佛教也要向作為「後來者」的基督教、天主教等宗教學習，這些教派在進入中國之初，也大都是從辦義學（學校）、義診（醫院）著手的……

可見，真正的「佛系」，不單要「自救」，更要「救人」，絕不是簡單追求消極避世的。從眾多的出家師父、在家居士身上，我們也可以看到他們潛心修身、積極弘法、濟世利他的博大胸襟、偉大人格。

這也讓我再次想起南懷瑾先生生前經常提及的這副聯句：

佛為心　道為骨　儒為表　大度看世界

技在手　能在身　思在腦　從容過生活

生而為人，就是要回答好兩個問題：怎麼「看世界」？如何「過生活」？「佛、道、儒」解決的是「看世界」的方法，「技、能、思」提供的是「過生活」的手段。所謂「紅塵即道場」，有此二者加持，才談得上是真正的「佛系」生活，才有可能做到「大度」「從容」。或許，這才是「佛系」的正確打開方式吧。

二〇二一年十月三十一日

放假、出行與消費

今年的「五一」假期延長至五天，時值旅遊的黃金季節，隨著國內疫情防控形勢持續向好，大家出遊、消費的願望普遍提升。各地也是鉚足了勁兒，紛紛出台促進旅遊、刺激消費、帶動內需的政策。但一些政策的有效性、合理性，卻是值得商榷的。

法定假日宜固定

大家都有類似的體會：出門旅行最怕的是假期的不確定。尤其是出境遊、中長途旅行，對於大多數家庭來說，仍是一筆不小的開支，需要列入家庭的「年度預算」，並且要提前謀劃好出行的日期、目的地，確定出行線路、選擇交通工具，預訂酒店、餐飲，這些都需要一個提前、準確的時間安排。在現階段「帶薪休假」尚未得到有效保障的情況下，除了學校的寒暑假，人們只能將出行時間更多地選擇在法定的節假日，這也是工薪階層的不二選擇。

這種情況下，我國將元旦、春節、清明、五一、端午、中秋、國慶等節日，確定為法定假日，無疑是一個長足的進步。但也存在著一個巨大的「不確定性」，就是國家「假日辦」擁有對法定假日的解釋、調整和發佈權，因此，每逢節假日，「出行族」最擔心的就是「假日辦」的臨時放假通知，一旦假期時間生變，與行程發生衝突，帶來的煩惱和損失必然會極大地挫傷出行的積極性和體驗感。

法定假期的不固定也會使一些政策作用打折扣，比如這次的「五一」假期，雖然延長了假期時間，但由於是臨時通知，對於多數人而言，行程安排已定，除了臨時增加一些短途出行的安排外，對中長途旅行的促進收效甚微。對於旅遊業的業主、從業人員而言，同樣存在無法及時備貨、調整人員排班等準備工作的困擾。對此，一個比較合理的建議是：既然是法定假日，就應固定日期，體現嚴肅性，不得隨意更改。取消「假日辦」，特殊情況（如戰亂、瘟疫等）可由國務院直接發佈取消或調整。

「帶薪休假」須推進

中國有十四億人口，是擴大內需的龐大市場潛力所在。隨著人們生活水準的提高，休閒遊、體驗遊、深度遊成為時尚，自駕遊、自助遊、自由行成為選項，對旅遊品質的追求與日俱增。由此也帶來旅遊出行的第二怕：「堵」——旅行途中怕「堵車」，景區景點怕「堵人」，吃飯住宿怕「堵心」。究其原因，主要還是「紮堆出行」產生的結果。

由於我國人口眾多，哪怕很小的比例集中出行，就相當於歐洲幾個國家甚至一個大洲的人口，而旅遊、交通、食宿等基礎設施和服務保障畢竟有限，也不可能是按峰值來配置的，哪怕增加一些臨時性措施，也是杯水車薪而已。解決「紮堆出行」的最好辦法，就是強力推進「帶薪休假」制度。否則，無論「大長假」、「小長假」如何調整、設置，靠為數不多的幾個法定假日是無法根本釋放巨大的出行需求的，也是難以解決我們這樣一個人口大國的均衡出行問題的。這需要國家的意志和決心，也取決於經濟發展的階段、勞動力就業的水準和勞動生產效率的提高，兼顧國家、企業和個人的實際承受力。

「免費通行」是個「坑」

如果說全面推進「帶薪休假」制度還有一定的難度，但有一個政策的調整是相對容易，也是刻不容緩的，那就是推行多年的節假日高速公路小車（七座以下）免通行費政策。一定程度上，這項政策也對「紮堆出行」起了推波助瀾的作用。

應該說，政策的本意是好的：讓利於民、促進旅遊、帶動消費，但客觀效果卻是不敢恭維的。每逢節假日，大量的私家車、小型車，出了家門，卻堵在了路上，省了通行費，卻浪費了時間、破壞了心情，甚至高速公路成了巨型的「露天停車場」，「堵車」成了節假日一道「固定的風景線」。以至於很多人「一朝被蛇咬，十年怕井繩」，寧可「宅」在家裡看電視、玩手機，也不願意輕易出門了。

即便從節能和環保、道路停車資源緊張的角度看，把節假日高速通行免費的對象設定為「七座以下」的小型車，本身就是不合理的。相反，有專家提出：節假日應該通過提高收費標準，限制小型車上路出行。從鼓勵公共交通出行的角度，應該把免費優惠的對象設定為七座以上的中型、大型客車（達到一定的實載率）。經驗告訴我們：「免費的」往往是「最貴的」。既然高速公路的修建是市場化的，取消的這部分收費，必然以延長收費年限或增加財政補貼的方式來實現。如果延長收費年限，所謂「免費」只是收費的「延期」罷了；如果使用財政補貼，對大量「無車族」（恰恰也是最需要照顧的人群）是不公平的。

所以，要麼使用「政府購買公共服務」的方式實現高速公路的全面國有化、全域全時段免費或低收費；要麼按市場規則辦事，在兼顧效率、公平的前提下，鼓勵節能、環保、綠色出行，這才是明智的選擇。

調整作息「夜市」興

為了提振消費者信心，幫助恢復受疫情影響最為嚴重的本地服務業，各地在復工、復產、復課的同時，也積極尋找「復市」的有效舉措。其中，備受矚目的當屬推行「四・五天工作制」和啟動「夜市經濟」等。

「四・五天工作制」，也即每週增加半天假期，其作用相當於增加「小長假」，對促進「周邊遊」、「短途遊」、「鄉村遊」，帶動本地旅遊經濟，無疑是有益的。坊間也早有討論，卻遲遲未見落地實施。說明此項政策是把「雙刃劍」，在促進內需消費的同時，也會增加廣大用工單位尤其是一些特殊行業的勞務、商務成本。這次藉疫情因素重新回歸公眾視野，並紛紛進入各地的政策「工具包」，前景如何，尚待進一步觀察。

疫情過後，加快培育、啟動、復甦一個地方的「夜市」、「早市」，同樣可以提振市民的消費信心，吸引大家走出家門，讓「夜經濟」與「宅經濟」一爭高下、「分一杯羹」，可以促進就業、繁榮市場，自然是件好事。而要讓作為消費者的市民（尤其是習慣「早睡早起」的工薪階層）放心出門、放手消費，體驗「夜經濟」的魅力，還得解決他們的「後顧之憂」：「第二天起不來怎麼辦？」一個簡單易行的辦法：在現行「雙休日」「朝九晚五」的基礎上，與其每週增加半天假期，不如每天推遲（非減少）半小時（一小時更好）上班、上學，並根據不同職業、行業特點，錯峰出行。如此，對於「夜市」、「早市」的繁榮，對於擴大內需消費，或許更有實際意義。

二〇二〇年五月一日

校外培訓與教育公平

一部熱播的教育題材電視劇《小捨得》，不單引起了家長們的共鳴、熱議，也「引來」了中央辦公廳、國務院辦公廳的〈關於進一步減輕義務教育階段學生作業負擔和校外培訓負擔的意見〉（簡稱「雙減」），矛頭直指「校外培訓」，這恐怕是製作方和廣大家長始料未及的。此政策在一片叫好聲中，同樣也不乏擔心和質疑的聲音，試析之。

教育與資本

〈意見〉明確：「學科類培訓機構一律不得上市融資，嚴禁資本化運作；上市公司不得通過股票市場融資投資學科類培訓機構，不得通過發行股份或支付現金等方式購買學科類培訓機構資產；外資不得通過兼併收購、受託經營、加盟連鎖、利用可變利益實體等方式控股或參股學科類培訓機構。」可謂直指要害。一時間，資本市場「教育培訓板塊」哀鴻遍野、「跌跌」不休。

客觀地說，辦教育離不開錢，但辦教育不能為了錢。過度的資本化、產業化，必將把教育引入「唯利是圖」的歧途。

古人將教書育人定位為「傳道、授業、解惑」，教育者以「非為稻粱謀」為初心、出發點。也因此將義務教育階段的教育、培訓機構定位為「公益、非營利」屬性，實屬正本清源、利國利民之舉。如此，則可讓教育始終成為一項神聖的事業，成為一塊「高潔」的淨地。恢復過去那種純正的師生情感，而不應成為夾雜了物質和利益交換的商業往來。

當然，我們也應該鼓勵「有良心的」資本和「有情懷的」企業家積極回饋或反哺教育，但前提必須是以「非營利」為目的的。

校外與校內

〈意見〉指出，「校外培訓機構不得占用國家法定節假日、休息日及寒暑假期組織學科類培訓」。有了這一條，學生校外補課的空間、時間「理論上」沒有了。

〈意見〉還分類明確了「作業總量」的要求：「學校要確保小學一、二年級不佈置家庭書面作業，可在校內適當安排鞏固練習；小學三至六年級書面作業平均完成時間不超過六十分鐘，初中書面作業平均完成時間不超過九十分鐘。」由此，自然也引發家長們的另一種擔心：學生升學競爭的壓力（乃至將來高考、擇業競爭的壓力）仍在，畢竟，應試教育這根指揮棒帶來的學習任務依然繁重，如何能保證在校內有限的時間和空間內有效完成？

對此，〈意見〉是這麼說的：「大力提升教育教學品質，確保學生在校內學足學好。」具體而言，就是「保證課後服務時間。學校要充分利用資源優勢，有效實施各種課後育人活動，在校內滿足學生多樣化學習需求。引導學生自願參加課後服務」。「對於學校來說，課後服務不能滿足部分學生發展興趣特長等特殊需要的，可適當引進非學科類校外培訓機構參與課後服務，由教育部門負責組織遴選，供學校選擇使用，並建立評估退出機制」。「對現有學科類培訓機構重新審核登記，逐步大大壓減，解決過多過濫問題」。以校內的「課後服務」來替代原有的「校外培訓」，這是〈意見〉給出的一個基本思路。

〈意見〉將「課後服務」的內容限制在「多樣化學習需求」等非學科內容，出發點是好的，但可能也恰恰是效果存疑的地方。如果可以設置一個過渡期，允許加入一定比例的學科培訓內容，肯定更易為學生和家長所接受，也更有利於對校外培訓市場起到遏止與替代作用。至少，這種校內「補課」的範圍和強度是可控的，也相對是公平的。能把校外的無序培訓轉變為校內的有序競爭，就是一個不小的進步。

為家長減負

「雙減」減的是學生的負擔，實質也是為了減輕家長的負擔：既有心理、生理的負擔，也有物質、金錢的負擔。對校外培訓的重拳出擊、嚴格監管，如果真正執行到位，應該說對廣大家長而言，是一個極大的解脫。

〈意見〉的這一條非常值得稱道：「課後服務結束時間原則上不早於當地正常下班時間；對有特殊需要的學生，學校應提供延時託管服務；初中學校工作日晚上可開設自習班。學校可統籌安排教師實行『彈性上下班制』。」此舉可以極大地緩解學生家長（尤其是「雙職工」家庭）接送學生上學、放學的負擔和壓力。

但家長心理上的擔心似乎依然存在：校外培訓會不會以更隱秘的方式「換個馬甲」捲土重來？孩子受教育的機會真的公平了嗎？畢竟優質教育資源在一定區域範圍內的公平、均衡分配，不是在短時間內可以實現的。〈意見〉對這些雖然也有涉及，但似乎還缺少操作性、指標性的內容。

老師的合理關切

無論校內教學，還是校外培訓，缺一不可的兩個主體是學生和老師。學生的負擔「雙減」了，老師的關切似乎也應該得到重視和回應。對於部分老師而言，之前校內「磨洋工」、校外「開夜工」的日子，自然是「一去不返」了（不排除會有個別老師轉入「地下」或做「游擊隊」，但風險巨大不足取），但畢竟也失去了很大一塊經濟收入，而參與校外培訓（補課）的這部分師資，大多是有著豐富教學經驗的優秀老師（畢竟吸引生源要靠實力、口碑），如何確保他們在校內授課、課後服務中也能夠全身心投入，考驗的是學校管理者的水準。其中，必要的經濟補償機制也是不可或缺的。畢竟老師們付出了勞動，放棄了休息。

對此，〈意見〉是這麼表述的：「課後服務一般由本校教師承擔，也可聘請退休教師、具備資質的社會專業人員或志願者提供。教育部門可組織區域內優秀教師到師資力量薄弱的學校開展課後服務。依法依規嚴肅查處教師校外有償補課行為，直至撤銷教師資格。」「省級政府要制定學校課後服務經費保障辦法，明確相關標準，採取財政補貼、服務性收費或代收費等方式，確保經費籌措到位。課後服務經費主要用於參與課後服務教師和相關人員的補助。」

這樣的「賞罰並舉」算是考慮得比較周到了，也是值得期待的。相信在不久的將來，會有試點地區的成功經驗得到認可和推廣。

政府的責任

「科教強國」作為我國的基本國策提出，已歷經了幾代人；「教育投入不低於GDP的百分之四」的要求，也說了多年了；教育領域的改革起起伏伏，也折騰不少回了。教育事業雖然也取得了令人矚目的成就，但仍任重而道遠：國家和地方各級政府的錢沒少花（據瞭解，即使在沿海發達省份的部分鄉鎮、街道，地方可用財力的百分之八十甚至百分之百用於義務教育投入仍嫌不足），家長的錢也沒少花、罪沒少受（校外培訓就是一個典型的消費坑），學生的負擔就更不用說了（否則也不用「雙減」了）。

在強調「事權與財權」相匹配的財稅制度改革中，如果能夠將基礎教育投入（尤其義務教育階段）這一涉及千家萬戶、事關國民素養的國計民生大事，真正納入國家財力統籌，由國家來「兜這個底」（也可減輕基層政府的財政負擔），同時讓家長們原本偷偷摸摸花在校外培訓上的支出（遠大於義務教育階段的校內支出），通過合理、合規的途徑轉化為老師的正當、合法收入和補償，才是真正讓老百姓享受改革發展紅利，增加獲得感、幸福感的題中應有之義。這或許才是各級政府（包括中央政府）應該擔負的責任。

最後，祝願〈意見〉描述的「雙減」目標可以如期實現：「學校教育教學品質和服務水準進一步提升，作業佈置更加科學合理，學校課後服務基本滿足學生需要，學生學習更好回歸校園，校外培訓機構培訓行為全面規範。學生過重作業負擔和校外培訓負擔、家庭教育支出和家長相應精力負擔一年內有效減輕、三年內成效顯著，人民群眾教育滿意度明顯提升。」

二〇二〇年十二月二日

留住「純真年代」

十九世紀的英國作家狄更斯說過：「這是一個最好的時代，也是一個最壞的時代。」當代中國國學大家南懷瑾先生也說過類似的話。這是身處不同經濟快速發展時期的清醒的文化人發出的靈魂吶喊，至今迴響不絕。

當越來越多的現代人被物質生活所裹挾，或主動或被動地投入「滾滾紅塵」中時，也有人選擇了堅守心中的那份理想與信念。

創辦於二〇〇〇年九月的杭州「純真年代」書吧，是西湖邊的一道獨特風景，直面西湖，枕寶石山，依保俶塔，被譽為「杭城民間的文化地標」、「西湖邊的文化客廳」。這是一家由個人興辦的文化場所，更為難得的是，店主一家兩代人，捨家棄業二十餘年，只為心中的一個堅守：「物質社會，我們仍嚮往純真年代」，令人印象深刻，過目難忘。

去年中秋前夕（二〇二一年九月十九日），因參加在杭州西湖邊舉辦的一場紀念南師的分享活動，我第一次登上位於寶石山腰的「純真年代」書吧。拾級而上，經過一段長長的石板台階，我立刻就被書吧獨特的地形氣象和文化氣質所吸引，雖是初識，卻宛似重逢。店內書香四溢，店員彬彬有禮，透過窗戶或是移步室外，不遠處就是波光粼粼的西湖和著名的白堤、斷橋，上行數百級台階，即是保俶塔所在。平日裡這個時節西湖景區早應是人頭攢動、遊人如織、熱鬧不已，而在疫情之下，似乎也多了許多寧靜，這於以旅遊為主業的商家而言是缺憾，於讀書人而言，則是難得的清靜。線上下書店普遍度日維艱的當下，我真的為店主一家捏一把汗，在這樣一個寸土寸金的黃金地段，經營一家書店，其難度是可想而知的。從店內隨處可見的眾多名家大咖留下的字畫墨寶，看得出店家對於守住一片文化淨土的堅定與執著，也看得出文化人視之如知己，敬之如知音。

未料，不久卻傳來該店的同城分號「楊柳郡店」將於二〇二一年底歇業的消息。聞之愕然，難道偌大的杭州城竟「安放不下一張平靜的書桌了」？那份悲涼感，竟然如一。難道我們真的是進入了「末法時代」，或者正應了那句話：「這是最好的時代，也是最壞的時代」？疫情無情，人間有愛。店主盛廈一篇〈難說・再見〉的「文告」，「一石激起千層浪」，竟引發了杭城一場不小的文化「地震」，媒體、文化人、普通讀者，甚至社區居民，或奔走呼告，表達不捨與挽留，或施以「援手」，表達支持與幫助。聞之令人動容。臺灣知名文化人方文山先生也專程從上海趕往杭州，以專場講座的形式，為這個普通的書吧加油打氣，只為曾經的一份相識和認同。

而我，作為書吧的一名匆匆過客，只能默默在心裡為這家書吧的命運祈禱，期待「關店」風波能夠出現轉機，並有一個圓滿而非悲壯的結局。轉眼到了辛丑年的歲末，已經過了店主宣告的「楊柳郡店」十二月底歇業的時間，意外收到店主盛廈發來的微信，說要寄一本記錄當年活動的冊子給我，再看書吧公號中「楊柳郡店」的活動日程依舊滿滿，想來已是順利渡過了難關，轉「危」為「機」，實現了圓滿的轉身。那一刻，真的為店主一家欣慰，也為疫情之下杭城的文化堅守由衷感歎！「選擇堅守，相信文化的力量，生活賜予的一切經歷都是財富。」這是我當時鼓勵盛廈的話，更希望更多的人仍然相信這樣的堅守是值得的。

「物質社會，我們仍嚮往純真年代！」

二〇二二年三月二十六日

企業的「免疫力」

在這場來勢洶洶的新冠肺炎疫情面前，「免疫力」一辭也被頻頻提及。百歲老人劉雨虹先生，「至今仍守著這個『春捂』的習慣，以防春瘟」；她認為「當呼吸系統有問題時，腸胃清爽才不會給它（肺）增加負擔」。說的也是提高自身「免疫力」的重要性。醫生、專家們的觀點也印證了「免疫力」之於防疫、治病的重要。

轉眼已到了三月，「復工復產」也成了各地抓經濟、促發展的「主題辭」。

圍繞疫情對實體經濟的衝擊和影響，中小企業的生存壓力、發展困境是各方較為關切的話題。雖然各級政府緊急出台了一系列的優惠、補助政策，但作為經濟戰場的主力軍，企業無疑是抗擊風險挑戰的主體。這甚至是一場更為嚴峻的「抗疫」大戰。

而「防疫」和「復工復產」之間似乎也有著某種相通之處。這個時候，企業自身的「免疫力」如何，就成了應對這場疫情危機的關鍵所在。

首先，要懂得「春捂」的道理。保持足夠的定力，保存好實力本錢。對企業家來說，需要認清企業的市場定位、產品競爭力、核心優勢所在，特別是資金實力，防止經濟「倒春寒」的衝擊。有了這些「免疫力」作基本保障，首先保證能夠「活下來」。

其次，要及時「清理腸胃」。適時地調整佈局、收縮戰線，保證資金鏈、產業鏈不斷裂，減除冗餘的負擔，輕裝上陣，甚至需要「壯士斷腕」，以保證企業的活力、生命力。這是排除「毒素」、提升「免疫力」的應對之策。

此外，也要「合理膳食」，保證「營養」。要有的放矢、主動出擊，適應變化了的市場環境，搶占行業制高點，收復他人丟棄的陣地，這是「免疫力」升級的不二法門。

「危機」面前，「危」與「機」相伴相生。有頭腦的企業家不會停留在

「等、靠、要」，更不會自怨自艾、怨天尤人。市場不同情弱者，企業戰勝「對手」（包括疫情）的最好辦法，還是要靠「強身健體」，增強自身「免疫力」。在此消彼長中把握稍縱即逝的機遇，抓住「彎道超車」的機會。

二〇二〇年三月五日

吳江的「企業家精神」

蘇州，以一個地級市的城市體量，卻比肩「一線城市」、超越大部分省會城市，是現實版的「蘇大強」。而蘇州的幾個「兒女」（所轄縣級市和區）也「都挺好」的，全部位列「全國百強縣（區）」前茅，「三大法寶」（「張家港精神」、「昆山之路」、「園區經驗」）更是聞名遐邇，有口皆碑。

在蘇州的幾個「板塊」中，吳江更像是「尖子班」的「中等生」，不一定「搶眼」，卻絕不會「落後」。說起吳江，能夠與蘇州「三大法寶」相媲美、最為外界所稱道，也是吳江人引以為傲的，應該就是吳江的民營企業家群體。吳江的發展精神，某種程度上就是吳江的「企業家精神」。

似「水」吳江

俗話說：「一方水土養一方人。」吳江是水鄉，這裡有萬頃東太湖、千年古運河，有大大小小數十個湖泊。從空中看吳江，陸地就像一片片樹葉飄落在水面上。生長在這片土地上的吳江人，骨子裡流淌的是「水」的基因：至柔至韌、潤物無聲。這裡的政商環境融洽自如，這裡的百姓好客熱情。從這些喝著太湖水長大的吳江人中間，走出了一大批成功的民營企業家，他們或起步於鄉野，或成長於城鎮，壯大於改革開放，成就於這個偉大的新時代。吳江企業家的低調是出了名的，他們更習慣於被人家稱作「草根企業家」或「農民企業家」。他們為人處世、待人接物，處處體現著水鄉人的謙遜誠懇、忍讓包容。

水潤萬物而無形。吳江是包容的，無論是外來的、新來的，都能找到「賓至如歸」的感覺，絲毫不覺得有「排外」的違和感。水至柔，卻一往無前。吳江地處「吳頭越尾」，這裡有吳文化的謙讓，有越文化的進取。這裡有「商聖」范蠡的足跡，有現代蘇商的執著身影。水是平靜的，也是奔騰的。吳江企業家性格中的「糯」，言辭中的「謙」，行事中的「讓」，無不體現著似「水」的品格。

企業家群體

吳江雖說地處長三角核心地帶，但這裡「沿海」不靠海、「沿江」不臨江（長江），在這裡經商辦企業，可以說是「螺螄殼裡做道場」。有人說：吳江的民營企業家厲害。這裡的「草根企業」蔚然成群，不僅成為一個群體，更成為一種現象。這裡有亨通、永鼎、通鼎的「三足鼎立」，有紡織業的「日出萬匹、衣被天下」，有傳統行業的「一鎮一品」，也有行業翹楚、「地標」、「龍頭」。從曾經的「鋪天蓋地」，到現今的「頂天立地」，吳江的企業家一步一個腳印，行穩而致遠。吳江能成為全省乃至全國民營經濟的「領頭羊」，靠的是一大批吳江企業家的韌勁、拚勁，以及不服輸的性格。從這裡走出了位列「世界五百強」、「中國五百強」、「民企五百強」的企業，絕不是偶然的。最大的財富、最核心的資源，就是吳江的企業家群體，顧雲奎、徐關祥、蕭水根、崔根良、陳建華、繆漢根……他們一茬接著一茬幹，一代更比一代強。

代表人物

如果要給吳江的企業家群體找一個代表，他應該是亨通集團的創始人崔根良，一個從吳江的田間地頭走出來的民營企業家。在「全國人大代表」、「時代楷模」、「最美奮鬥者」這些榮譽光環的背後，人們更熟悉那個作為吳江「七都人」的「草根」企業家。

老崔是「土生土長」的吳江七都人，在他身上，首先體現的是七都人真誠、拚搏的精神風貌。用崔總自己的話說：真誠體現如何做人，拚搏體現如何做事。正是這種做人、做事的態度，決定了吳江企業家的茁壯成長。

接觸、瞭解崔根良的人，都會被他身上的優秀品格所吸引、感染：謙遜不張揚，友善不做作，務實不浮誇，創新不守成。這些品格特徵，既是屬於崔根良的，也是吳江企業家群體的真實寫照，更是屬於吳江的「企業家精神」。

二〇二〇年五月八日

從「小米」十年，看初創企業的成功之道

「小米」，無疑是新世紀以來中國最成功的創業公司之一。這家二〇一〇年成立的公司，在短短十年間，從一個初創企業，出生、成長、壯大，直至躋身「世界五百強」，交出了令世人矚目和艷羨的成績單。

小米成功的「密鑰」究竟是什麼？這無疑是很多人感興趣的。最近，一本小米官方授權傳記——《一往無前——雷軍親述小米熱血十年》（范海濤著），較好地回答了這些問題，值得廣大有志於創業或與初創企業打交道的人仔細一讀。

有人做過統計：中國民營企業的平均存活週期只有十三年左右；而初創企業創業成功的概率則不超過百分之五。如果說創業失敗的原因各有各的不同，而創業成功的企業，則在偶然性中一定存在著某種必然。從小米公司以及其他一些創新、創業的初創企業身上，我們不難找到引領其不斷走向成功

的關鍵要素和內生「基因」。

相信趨勢的力量

人們常說：「形勢比人強」，道出了趨勢的力量，非人力所能改變。「成功者都是歷史與環境的產物，是機遇與積累的結晶」。作為一名創業者，「守勢」與「待時」十分重要。對於自己即將進入的行業領域的發展趨勢、前景，必須有清醒、理智、獨到的認識和判斷，找準方向、把握時機、果斷出擊，甚至要有「創造未來，引領趨勢」的氣魄和膽略。

書中提到一個有趣的現象：賈伯斯和比爾・蓋茨都是一九五五年出生的，在他們大學畢業（或輟學）的時候，個人電腦行業剛剛開始發展（出生太早，無法擁有個人電腦，而出生太晚，電腦革命的時機又被別人搶占了）；雷軍、丁磊、李彥宏、馬化騰都是二十世紀六十年代末七十年代初出生的（而互聯網在國內興起之時，正是這群人大學畢業兩年左右）。生逢其時，順應趨勢，使他們成為時代的幸運兒。互聯網時代，每一次科技更迭都造就了一批成功的企業。無論中國的「BAT」（百度、阿里巴巴、騰訊），還是美國的亞馬遜、谷歌、臉書，都是其中的佼佼者。

中國龐大的人口基數和快速發展的經濟，迅速增長的互聯網用戶，豐富的應用場景，是互聯網公司創業的一塊得天獨厚的肥沃土壤。二〇〇九年，作為科技互聯網時代的從業者、親歷者，雷軍清醒地認識到，移動互聯網時代的趨勢已經來臨，必將掀起新一輪的創業浪潮，而這一次他決定放手一搏。

人的因素是第一位的

創業的方向、目標確定之後，人的因素就是第一位的。經常聽投資機構的朋友說及：對一個初創項目的「盡調」（盡職調查），很大程度上是對這個項目的創業團隊（尤其是其核心創始人）的「盡調」。如果人不靠譜，再好的技術積累、再好的市場前景，也是不敢投資的。這充分說明了人的因素對於一個初創企業的重要性。

其中最關鍵的無疑是這個初創企業的靈魂人物——創始合夥人，他（們）的個人素養、性格特徵，甚至心胸氣量，都會直接影響到企業的生存和發展。尤其當一個企業處於初創階段，組織架構尚未完備，更多依賴的就是創始人的個人能力和品行素養。一個成功的企業，必定有一個優秀的「掌門人」，同時他也是這個公司的靈魂人物，並且是一個有影響力的企業家。其自身的素養，包括判斷力、敏銳度，甚至是人格魅力，都是至關重要的。而一個優秀的企業家，有兩個條件不可或缺：情懷和胸懷。有情懷，才能做事業。不拘泥於一時得失，不醉心於蠅頭小利，不以個人「財務自由」為奮鬥目標，而以國家、民族的強大興盛為己任。有胸懷，才能聚人心。「不謀全域者不足謀一域」，團結帶領一支能打硬仗的團隊，需要帶頭人足夠「大氣」，拿捏自如，放手不撤手。

當然，最優秀的創始人，也不可能是萬能的。雷軍認為，「創始人一定要想方設法彌補自己的短板」。「術業有專攻」，一個優秀的團隊，必然是分工合作，各展所長，「讓合適的人做合適的事」。戰略、技術、營銷、財務、法務、行政、拓展，各居其位；企業文化、價值觀，缺一不可。由此才能提升員工的忠誠度和使命感。這方面，雷軍及其團隊無疑給出了較好的答案。

為什麼而出發：我是誰、為了誰？

作為一名四十歲開始第二次創業的創始人，早已實現個人財務自由的雷軍，很清楚自己想要打造一個什麼樣的企業，他立志要「終結中國山寨手機橫行於世的亂象，並改造中國製造業」——打破中國製造質劣價廉的「魔咒」。這個願景不可謂不宏大。並且，即便在創業遭遇瓶頸、逆境時，他也始終沒有動搖這個「初心」。最終形成獨特的「小米之道」——「引領中國製造走向中國設計」、「讓更多人享受科技的樂趣」。「理想」和「熱愛」

成為小米公司從優秀走向卓越的精神內核。

不忘初心，方得始終。心有多大，舞台就有多大。當這樣的「初心」成為創始團隊乃至企業員工共同的價值追求、成為一致的共識、成為大家共事的基礎時，企業也就能無往而不勝了。二〇一八年，小米公司在上市募資的招股說明書中，以董事會決議文件的形式，規定了公司硬件淨利潤不超過百分之五的上限指標。以此來自我約束，扼制一家企業追求利潤最大化的原始衝動。就是要讓人相信：「這並非作秀，而是企業的使命使然」。這樣的創業精神、企業家精神，無疑是值得尊敬的。這樣的企業，無疑也是值得信賴的。

一個有良知的企業是有溫度、有生命、有感情的，由此激發出來的活力和激情，是任何物質刺激都無法比擬的。就像雷軍所說：「優秀的公司賺的是利潤，卓越的公司贏的是人心。」難怪有人說：「雷軍改變了中國製造業的潮水方向。」

工匠精神：用產品說話

百年老店同仁堂的店訓：「品味雖貴必不敢減物力，炮製雖繁必不敢省人工」、「修合無人見，存心有天知」。強調的就是：要善待客戶（消費者），做到貨真價實、真材實料。

所謂「用產品說話」，絕非一句空洞的口號，而是用實實在在的管理和創新去支撐的。最好的廣告文案、營銷策略，抵不過消費者良好的口碑。沒有過硬的產品，一切的宣傳都是「空中樓閣」，消費者最終是「用腳投票」的。

所謂「工匠精神」，在小米就體現為「技術立業，苦練內功」，工程師要有在「無人區」孤獨求敗的勇氣和追求。其在工業設計上的極致追求，真正做到了「用戶思維、極致體驗」。並且，對於「工匠精神」，「小米人」相信：「在新的商業環境中，未來的模式不再困於發號施令的企業，而是傾向於越發深入的民主」、「和大眾的對話替代了以產品為中心的價值主張」，而小米把這種和大眾的對話機制發揮到了極致。

模式與技術創新

創新的意義，怎麼強調都不過分。可能正因為被說得多了，「創新」常常只是一個說辭，成為一種口號，反而失去了它本來應有的地位。小米則更願意相信：「所謂創新，多半是被逼出來的。」

小米公司的誕生本身就是一個重大的模式創新的嘗試，一家毫無實體經濟、製造業經驗的初創企業，卻將自己創業的起始產品定位為智能手機這一高度市場化的硬件產品，不能不說是一個重大挑戰。顛覆創新、疊代創新，「突破自己，挑戰邊界，變不可能為可能」，這是小米對創新的態度與實踐。從企業設立之初「硬件+軟件+互聯網」的「鐵人三項」模式，到各類「爆款」的手機產品，出新、出奇、出彩，檢驗的都是一家科技企業的創新能力。「在蘋果公司，工業設計師的任務就是構思出一個完全不存在的產品，並設計出整個生產流程，將想像變成現實」。這也正是小米追求「中國製造、中國設計」這一理想的必由之路。

資本的加持

風險投資（「風投」）作為一項新生事物，在國內出現、擴展不過二三十年的時間。從二十世紀末開始，伴隨著科創企業的蓬勃發展，中國的「風投」、私募類投資基金如雨後春筍般發展起來。

作為曾經的一名資深「天使」投資人，雷軍深諳資本的力量和作用，資本的加持，可以讓一家優秀的互聯網企業實現「科技+資本」雙引擎推動。對於快速提高市場份額，消除同行間的惡性競爭起到加速器、倍增器的作用。當然，資本逐利的「貪婪」本性又是與企業的初創精神存在著某種衝突的，為此，小米選擇了與「志同道合」者合作，選擇「有信仰的」投資者。

事實也已經證明，凡是成功的、優秀的「頭部」投資機構，也往往是以價值投資、戰略投資為主要考量的。過分追求掙「快錢」、搶「風口」的投資機構，其結局只能被市場所淘汰。而最好的佈局，莫過於組建自己的投資基金和機構團隊，以價值鏈引領產業佈局投資，打造自己的產業「生態圈」。

競爭與合作：產業生態鏈的重要性

小米手機的「橫空出世」，讓更多的普通消費者提前進入移動互聯網時代，享受到優質化、平民化的數位服務。市場上從此再無「山寨」手機的身影。

小米的成功，也吸引著越來越多的後來者、局外人參與進來。在眾多實力強勁的競爭對手面前，小米沒有選擇逃避，而是秉持「用產品說話」的理念，用高性價比提升競爭力。

雷軍深知「一個成熟的公司不能孤立存在，而是需要在產業鏈上下游建立一個全面的生態系統，從而由點到面地完成自己的產業佈局」。

小米的產業「生態鏈」模式，打造「小米系」產品，提高「米家軍」的產品黏性，形成「生態鏈」企業的「竹林效應」，為小米奠定了綜合競爭優勢，而這種立足於深耕細種、長期維護的「生態鏈」，恰是競爭對手無法在短期內模仿和超越的。甚至可以把一些潛在的競爭對手提前「收編」到小米旗下。對於絕大多數初創科技企業而言，也許做不了這個「生態鏈」組團的「群主」，但主動加盟，成為「生態鏈」的一份子，未嘗不是提高生存率和競爭力的理想選擇，同樣可以實現做大、做強的創業目標。

當然，這樣競爭與合作的結果，最大的受益對象就是廣大的普通消費者。

上市的好處，不只在募資

企業上市，是眾多初創企業所共同嚮往的一個目標。藉助公司IPO，提升企業的知名度、美譽度，變間接融資為直接融資，這些都是顯而易見的好處。

「扁平化」管理對於一家初創企業的好處是明顯的，「靈活、有彈性、決策迅速」，用雷軍的話說，「扁平化是基於小米相信優秀的人本身就有很強的自驅力和自我管理的能力」，「員工都有想做最好的東西的衝動，公司有這樣的產品信仰，管理就變得簡單了」。但「扁平化」管理由於管理鬆散、缺乏流程管控而產生的弊端也是顯而易見的。因此，更具前瞻性的考慮則是通過上市，建立規範化的現代企業管理制度。所謂「富不過三代」，而創業往往難以持續「二代」。如何將創始人的優質「基因」內化為公司的屬性、特徵，持續保持並發揚光大？這需要把一家個人屬性的公司轉變為具備自身生命力的公眾公司，從而有效防範因公司創始人個體注意力的轉移、精力的衰退而造成的公司長期發展的障礙，消除公司發展不穩定、不確定的因素。

此外，在上市初期，「同股不同權」等機制的設置和推出也有利於保護創始人團隊的話語權、決策權，防止公司重大決策失誤和出現根本性偏差。解決好這些公司治理中的難題，乃至打造「百年企業」，上市都不失為一個明智（並非唯一）的選擇。

互聯網思維：產品、營銷

互聯網時代的創業者必須要有互聯網思維。無論實體、非實體，無論製造業、非製造業，無論「互聯網+」、「+互聯網」，都需要有這種精神。

在互聯網時代，無論產品的設計還是營銷，都有其獨特的運行規律和特徵：直接、便捷、互動，也更簡單、粗暴。「互聯網的民主性可以將產品性能透明地展示給民眾，讓大家自己做出判斷」。

小米公司從創立之初就自定位為一家互聯網企業，而非傳統的製造業企業，得益於互聯網的疊代創新和快速發展，也受益於互聯網的傳播、互動特徵。尤其每次小米產品的發佈和推廣，藉助雷軍作為一個「互聯網達人」的名人效應，將這種互聯網精神發揮到了極致。

面對挫折：堅持與突圍

任何企業的發展，都不可能是一帆風順的。初創企業的成長更是始終伴隨著困難與挫折。所不同的是，有的企業消極沉淪、一蹶不振，有的企業絕處逢生、柳暗花明。這考驗的是創始人、管理者的智慧和勇氣。創業的過程，就是一個「跌跌撞撞，一路向前」的過程，就是在不斷「試錯和改錯」的過程中，不斷增強自身的「抗打擊能力」，這是「戰勝學習曲線」的必經之路。

一個企業的「容錯率」和「糾錯力」也是其生命力的體現。「命運垂青有準備的人」，創業者始終要做一個「有準備的人」。當不利的局面出現時，既要有堅守初心的定力，將錯誤的概率降到最低，也要有迅速結束敗局、及時止損的勇氣，更要有果斷調整、快速突圍的魄力。

國際化：必由之路

無論接受與否，在這個深度「全球化、一體化」的世界裡，我們早已經被「國際化」了。即便在中美「脫鉤論」甚囂塵上的今天，創業者如果沒有「國際化」的視野和儲備，必然會被「國際化」所淘汰。國際化，既體現在企業人才、資源的配置上，更體現在產品和市場的定位、拓展上。

在雷軍的創業版圖和頂層設計中，「小米從一開始就應該是國際化的」。從印度市場的拓荒到歐洲市場的穩固，無一不是這種「國際化」思路的體現。這種「出奇兵」、「東方不亮西方亮」的策略，有時也是規避國內市場白熱化競爭的一種必要手段。

當然，中國企業「走出去」的步伐不可能是一帆風順的。在走向跨國經營的過程中，「中國的企業家可能依然是個初學者」。在當前複雜多變的國際形勢下，中企「出海」，尤其要做好文化、法律、安全、技術、平台、人才、金融等各個方面的細緻、充分準備。

二〇二〇年九月十五日

為何省會城市「出事」多？

武漢、廣州、鄭州、南京、西安、蘭州、石家莊、哈爾濱……這一連串城市名稱的背後，有一個共同點：它們都是國內的省會城市。一段時間以來，接連發生的新冠肺炎疫情、災害性天氣、種種事故，雖原因眾多，不一而足，但事發地卻常見於省會城市，其出現「事故」、導致「失控」的概率或頻率似乎要高於國內其他大中城市。

按理，省會城市作為一省之首府，通常是一省的政治中心、經濟中心、文化中心，且多數屬於「副省級」城市，其基礎設施建設、管治能力配置等，應該都是全省最好的。精英薈萃之地，為何卻頻頻「中招」？其在突發災害、事故面前的應變、處置的能力、效率、速度，為何卻往往顯得「慢半拍」、「舉措失當」、「有失水準」，有些省會城市的表現甚至不及多數的地級市、縣級市？當然，更遑論直轄市。由此，不由得讓人想到一個客觀的事實：省會城市普遍存在著「雙政府同城」的架構：既是省級政府的行政中樞，又是市級政府的所在地。省級政府的主要功能是作為中央政令的「二傳手」、上傳下達的「中轉站」，其本身並不承擔具體的經濟發展、社會管理事務，但一個「龐大」且「強勢」的省級政府實體就在身邊，客觀上對行使具體管治職能的市級政府形成了「無形壓力」和種種「掣肘」，以至於網上出現了「省長親赴省會城市」的調侃。試想，一個市、區政府領導下的街道政府，如何有效去協調、管理轄區內的那些省直機關「大員」遵從地方「防疫」「抗災」的政策、措施？當然，這些在理論上、制度設計上都是可以實現的，但在強調反應速度、政令暢通的應急災害處置面前，是否有效、高效，就值得推敲了。

而首都北京無疑是一個「升級版」的「省會城市」，雖有「直轄」之利，而面對更為強勢的中央政府和林立的國家部委機關，即使行政資源豐富，但要成為「首善之區」，其管治的壓力和難度恐怕遠非一般的省會城市可比。同理，各地縣級政府所在的城關鎮，則是一個「縮小版」的「省會」，麻雀雖小，五臟俱全。同樣存在著縣、鎮兩級政府同城的掣肘之虞，其弊一也。

也許有人會說，首都和省會城市，人口眾多、情況複雜，管治難度大，非其他城市可比。但同樣人口眾多（一千萬以上）的上海、重慶、天津等幾個直轄市，其「防疫」、抗災等總體表現似乎普遍要優於一般的省會城市。比如「魔都」上海，作為人口大市、經濟重鎮、口岸城市，其面臨的「防疫」壓力一點不比其他大中城市小，卻是此次防疫中的「模範生」代表。

省會城市為何「出事」多？當然原因複雜多樣、千差萬別，這也許算是疫情之下留給我們的一點「冷思考」吧。

新冠肺炎疫情之下，人們普遍認識到，我國的政治體制優勢明顯優於歐美國家。但這並不代表我們的制度已經完美無缺了，各類隱憂也恰恰隱藏其間。必須看到，我們所取得的防疫優異成績單，是廣大基層幹部和全體人民群眾整體配合並付出了艱鉅勞動的結果。而在層層問責機制主導之下，廣大基層一線幹部早已心力交瘁、不堪重負。畢竟，「疲勞戰」、「人海戰」可用於一時，卻不能用於長久。而掌握更多行政資源的上級政府（部門），則「受的多，理的少」、「要的多，給的少」、「說的多，做的少」、「問責多，關心少」，往往停留在指示、指導、督查、問責之中，且有層層加碼之勢，存在「內卷」、「空轉」也就不足為奇。

我國幅員遼闊，各地差異巨大，情況千差萬別，現行行政管理體制有其必要性、合理性，但隨著時間的推移、科學技術水準的提升，「不合時宜」之處也在不斷增加。筆者無意貶低或否定省級政府存在的合理性、必要性。只是試想，在交通、通信高度發達的今天，繼續維持中央、省、市、縣、鄉（鎮）五級政府的架構，是否仍屬必須？也許是時候思考「縮省」（縮小省的規模，真正做到省直管縣）、「擴市」（在城市化率不斷提高的前提下，增加更多的中央直轄城市，比如常住人口一千萬以上的城市），從而形成中央、省（市）、縣（區）三級政府架構模式，或更有利於提高行政效率，減少推諉、掣肘和層層傳遞。不妨設想，如果將省會遷往常住人口一千萬以下的城市（新的省會城市可由省府直管，也可避免省級政府「文牘化」），或將更有利各地的均衡發展。這就像首都部分功能有序向雄安遷移，道理應是一樣的。雖說我們的各級政府官員大多有基層工作的經歷，能夠理解、體諒基層的苦衷，但「媳婦熬成了婆」、「屁股指揮腦袋」的心態、現象也並不在少數。一旦身居「高位」，「好了傷疤忘了疼」，未必就能「感同身受」了，更何況其自身也面臨著承受「更高位」問責的風險，所以責任的層層傳遞也就在所難免了。

推行「扁平化」管理、減少不必要的中間環節，是現代管理的一個基本理念，於企業如此，於政府也是一樣。如何弱化「管理者衝動」、防止「裁判員多於運動員」，真正實現權、責、利的有機統一，「己所不欲，勿施於人」，亟須在行政架構層級、職責上作根本性的改革，這或將是「頂層設計者」一個無法迴避的問題，也是實現社會治理現代化的題中應有之義。

二〇二一年十一月七日

兩個「SZ」：深圳與蘇州

深圳與蘇州，兩座同以「SZ」縮寫的城市，都是國內響噹噹的存在，一個在珠三角、一個在長三角，一南一北，各自引領著一方「風騷」。說他們「富可敵國」也不為過，但兩者又有著各自鮮明的特色。

深圳

深圳是座年輕的城市。

當「一位老人，在中國的南海邊畫了一個圈」，便註定了一個奇蹟的誕生：作為改革開放的「試驗田」、「橋頭堡」，深圳無疑是中國改革開放最成功的案例和真實的見證。從一個名不見經傳的南海邊的小漁村，變身為一個現代化的大都市，深圳只用了短短不到四十年的時間。

今年八月，深圳將迎來經濟特區四十歲生日。四十歲於一個人，或許是「不惑之年」，於一座城，只能算初長成。深圳的年輕，體現在城市的一磚一瓦上，更體現在這座城市最大的資源——隨處可見的年輕創業者的身影上。曾經勇立潮頭、敢於「第一個吃螃蟹」的第一代創業者已不再年輕，但新一代的年輕創業者紛至沓來，他們在父輩們開創的基業上再展鴻圖，續寫著屬於自己的新輝煌。

深圳是座「不眠」的城市。

她「不養懶人」，用深圳人的話說：「要想活下去，就得拚命奔跑。」一線城市的生活成本、高科技產業的競爭壓力，讓這裡的年輕人習慣了起早貪黑，習慣了廢寢忘食，習慣了夜以繼日。正是這種「不眠不休」的創業精神，鑄就了深圳人的「骨骼、基因」。

有人說，深圳是座「無根」的城市、「陌生人」的城市。在這裡，「深圳人」似乎只是一個地理上的名辭，大家區分身份仍以各自的原籍為標誌：「潮汕人」、「湖南人」、「山東人」、「東北人」、「西北人」……五湖四海，應有盡有，普通話成為這座城市出現頻率最高的語言。在這裡，「回家」似乎依然是指回各自的原籍老家。

當然，這一切也正慢慢發生著改變。隨著「深二代」、「深三代」的逐漸成長、接棒，他們有了在這座城市的兒時記憶，有了幼稚園、小學相伴成長的同學、玩伴，從而慢慢有了對深圳作為「家」的認知。

深圳是座「創新」的城市。

在深圳的城市基因裡，少了內地城市常見的「關係學」、「裙帶風」，多的是年輕人的朝氣蓬勃、意氣風發，敢闖敢試。「創新」是她的基本特質。一個華為公司，足以讓世界「霸主」美國傾力打壓；一個南山區，足以傲視全中國所有的科創載體。它們靠的正是這種永不止步的創新精神。

這裡的創新基因和創業土壤，吸引著各方人才、各路精英，這裡也因此成為理想的「造夢」、「追夢」、「圓夢」之地。一個個高科技企業脫穎而出，一代代創新科技應運而生。

蘇州

蘇州是座古老的城市。兩千五百多年的建城歷史、吳越紛爭的硝煙、泰伯讓國的美談、曾經的「南直隸」首府，都印證了蘇州的悠久、高貴和典雅。隨便推開古城的一扇門，便是一個千年的見證。

蘇州是座精緻的城市。美食、園林，吳儂軟語、「小橋流水人家」、「上海後花園」，是蘇州的傳統「文化符號」，也是大眾記憶深處的小城姑蘇。「蘇州一碗麵」，就足以讓人印象深刻，流連忘返。

蘇州是座「內斂」的城市。

「小家碧玉」的蘇州人，深諳「不爭是爭」的道理，內斂而不張揚。有人說，傳統的「蘇商」是「坐商」，而非「行商」，自古蘇州商人流連於「人間天堂」的富庶魚米鄉，不願出門遠行。這一切正悄悄發生著改變。今天的蘇州人不再滿足於偏安一隅，開放包容同樣是這座城市的品質，蘇州企業家的足跡也早已遍佈全球各地。

蘇州的「低調、內斂」還體現在所有沿海省份的非省會城市中，蘇州是唯一的非「副省級」經濟大市，「富可敵國」卻還沒有一座自己的民用機場。蘇州被「低配」，卻從不肯低頭，以其特有的柔韌和執著，精耕細作著一方沃土。

蘇州是座「硬核」的城市。

作為「地表最強」地級市，蘇州的「硬核」表現可圈可點：這裡有國家級開發區排名第一的蘇州中新合作工業園區、全國「百強縣」排名第一的昆山市，這裡有享譽全國的「三大法寶」（「張家港精神」、「昆山之路」、「園區經驗」），這裡的每一個縣（市）、區都位列全國前茅，是名副其實的「蘇大強」。

蘇州的開放型經濟遠近聞名。作為江蘇的第一經濟大市，蘇州早已不再滿足於做「大樹底下的碧螺春」，鄉鎮企業、民營經濟、外向型經濟，蘇州一步一個腳印，穩紮穩打，成為「蘇錫常」的「帶頭」大哥，即將邁入「兩萬億GDP」城市「俱樂部」的門檻。

深圳・蘇州

深圳與蘇州，都是美麗的城市。一個是「青春少年」，成長於「新時代」；一個似「古典淑女」，養成於「深閨中」。一個年輕活潑，朝氣蓬勃；一個溫婉寧靜，堅毅內秀。深圳的美，在骨骼清奇、活力四射；蘇州的美，在歲月積澱、含蓄雋永。無論現代與古老，雖各有所長、各有倚重，但是兩地都以自身獨特的魅力、個性和優勢，獨步一方、傲立於世。

深圳與蘇州，都是開放包容的城市。「來了就是深圳人」，深圳面朝大海，有經濟特區政策和國家「粵港澳大灣區」戰略加持，是座讓人「去了還會再去」的城市。

「醒來還是蘇州人」，蘇州通江達海，有國家「長三角一體化」和「長江經濟帶」戰略加持，是座讓人「去了不想離開」的城市。

不一樣的城市特質，一樣的開放包容、開拓進取。同為人口淨流入的城市，深圳與蘇州，都是創新、創業者的樂土，各路人才、精英的家園。

改革在路上，開放再出發！

深圳與蘇州，兩個同為「SZ」的城市，未來可期，前程似錦！

二〇二〇年五月二十二日

也說「滬蘇同城化」

二〇二〇年九月，「地表最強」地級市——蘇州「易帥」：新任「掌門」（市委書記）由上海市副市長調任。在最高層提出打造「長三角生態綠色一體化」國家戰略的背景下，這也傳遞出一種「新常態」：在不打破原有行政區劃的情況下，加大官員的異地交流任職力度，可助推區域的「一體化」進程。不久，蘇州有了一個新提法：「滬蘇同城化」。歲末年初的蘇州「兩會」，更將「滬蘇同城化」上升到了戰略高度。於是各類調研紛紛展開，或委託專家智庫建言獻策，或納入「十四五」規劃綱要。各家、各版的「滬蘇同城化」方案也呼之欲出。

其實，「同城化」的概念、提法，早已有之，並非新事物，且多出現在相鄰城市、主副城市之間。提出「同城化」設想的一方多半是相對處於弱勢的一方，囿於行政區劃的不同，相互之間以往更多的是競爭關係。畢竟城市能級、政策紅利、人才資源等的爭奪，是當下各城市間競爭的「新常態」。正因為如此，此類合作，往往「貌合神離」多、「志同道合」少，多半是「雷聲大雨點小」，成功的案例並不多見。

蘇州與上海，同屬江南富庶之地。作為沿海發達地區的兩座毗鄰城市，經濟社會發展水準落差較小、產業互補性強、人文風俗相近。這次攜「一體化」國家戰略之利，蘇州提出「滬蘇同城化」發展方向，似乎更多了幾分底氣。與此同時，作為「高攀」一方的蘇州，如果方向不明、思慮不周、操作不當，「滬蘇同城化」同樣面臨著重重困難和種種不確定性……

「同城化」是更高層次的「一體化」

既然「同城化」是在「一體化」基礎上提出的，其追求的自然應是更高層次的「一體化」。如果說「一體化」解決的是「通」，「同城化」解決的則是「達」。

所謂「通」者，設施相通、理念相通、制度相通。你來我往，互通有無；可聚可散，同頻共振。所謂「達」者，類其形，達其意，得其精髓。你中有我，我中有你；勢如犄角，唇齒相依。蘇州「滬蘇同城化」所追求的，自然是要超越前者，直達後者。上海的專業化水準、精細化管理、國際化視野，都是值得同為開放型城市的蘇州學習和借鑑的。

「同城化」不應被「同化」

在追求「同城化」的過程中，一定要避免掉入「同質化」的痼疾。與「同質化」相對應的，更應是「差異化」、「特色化」，做到「人無我有、人有我優」。

這方面，建城兩千五百多年的蘇州，在相對年輕的「後起之秀」——上海面前，無疑是擁有特殊優勢和條件的。比如，深厚的人文底蘊、雋永的江南古鎮、成群的古典園林、美味的水鄉美食，加之後起的開放型經濟、產業集群優勢，乃至勤奮智慧的民營企業家群體，都與上海形成高度互補。上海作為大都市的繁榮，從某種意義上講，是離不開以蘇杭為代表的江浙經濟腹地作支撐的。

相反，如果蘇州離開了自己的特色和優勢，與上海談「嫁接」、謀「轉移」，只能是捨本逐末、得不償失。蘇州一旦變得不像蘇州了，也就失去了自身存在的價值和地位，離被「同化」、成為上海的「附庸」也就不遠了。

「同城化」的前提是能「對等化」

如果「滬蘇同城化」只是蘇州一廂情願的「單相思」，是註定結不成好「姻緣」，也不會有好結果的。畢竟，僅靠個別地方官員的異地互派，並不能帶來兩地的必然「結盟」。所謂「門當戶對」，既適用於兩個家庭，也同樣適合於兩個城市。

而要實現滬、蘇兩座城市的「對等化」，恰恰是橫亙在兩者間的一條

「鴻溝」。其中，蘇州城市能級的局限便是一道跨越不過去的「坎兒」。一個很好的例證是：上海已經在謀劃自己的第三機場，而經濟體量等同於一個北歐小國的蘇州，卻至今沒有一座屬於自己城市的國際機場，這也成為蘇州人心中一個永遠的痛！

能否上演一齣現代版的「雙城記」，任重而道遠，考驗的是蘇州人的智慧和勇氣。

獲得「有感」與邊界「無感」

蘇州提出「同城化」的目的，顯然是要追求滬、蘇兩座城市的相得益彰、等量齊觀。而對於民眾與企業來說，更在意的或許是希望實現生產、生活上的便利、優待、無差別，特別是民生福祉方面的「獲得感」，以及在往返於兩地時的無隔閡、無歧視，尤其是各類政策上的「無邊界感」。

這種獲得「有感」與邊界「無感」，既包含了物質層面的醫療、教育等資源的均等化、便利化，更主要的則是精神、心理層面的。比如上海對外地車牌、外地戶籍人員的限制措施，不可能會對蘇州「網開一面」。畢竟，兩地居民的心理隔閡也是由來已久。

當然，要讓大上海讓渡它的「存量」資源是不現實的，解決的最好辦法，只能是共建、共用「增量」資源，把優質資源的「蛋糕」做大，才有可能在一定範圍內實現市民、企業所期待的獲得「有感」和邊界「無感」。

順應趨勢，相信市場的力量

推動兩座相鄰城市的「同城化」，各級政府及其官員的作用固然重要，但決定成敗的卻是發展的趨勢和市場的規律。政府所能做的只是因勢利導、順勢而為。正如當初小平同志在南海邊「畫一個圈」，絕非任意而為之，恰是順應了歷史的趨勢和市場的規律。

提出「一體化」、「同城化」的出發點，就是要在不打破原有行政區劃的前提下，實現區域間的協調、協同發展。行政有邊界而市場無邊界，甚至是跨越國界的，因此藉重和發揮市場機制的力量，應該是推進「滬蘇同城化」戰略的關鍵要素。

此外，「同城化」也一定是頂層設計與基層創新的結合，而市場力量的黏合，則是不可或缺的一環。

「滬蘇同城化」目標若達成，於國、於民善莫大焉。而放眼今日國內的大、中城市，有條件提「同城化」的，恐怕也非「滬蘇」、「港深」這樣的城市莫屬。也許，這種敢為人先、捨我其誰的勇氣，才是更值得褒獎和推崇的。

二〇二一年五月六日

孟晚舟事件：家事、國事、天下事

【新聞背景】

溫哥華當地時間二〇二〇年五月二十七日上午（北京時間五月二十八日凌晨），加拿大不列顛哥倫比亞省高等法院公佈了孟晚舟引渡案的第一個判決結果，認定華為公司副董事長、首席財務官孟晚舟符合「雙重犯罪」標準，因此對她的引渡案將繼續審理，孟晚舟女士將留在加拿大參加後期的相關聽證，並等待新的審判結果。

二〇一八年十二月一日，加拿大司法部門應美國方面要求逮捕了孟晚舟。此後孟晚舟雖獲保釋，但不能離開不列顛哥倫比亞省，至二〇二〇年六月已約一年半。

美國和加拿大濫用雙邊引渡條約，對中國公民任意採取強制措施，嚴重侵犯了中國公民的合法權益。美方的目的是打壓以華為為代表的中國高科技企業，加拿大扮演了美方幫兇的角色。這是一起嚴重的政治事件。

孟晚舟事件發生後，南懷瑾先生的後人，以南懷瑾文教基金會的名義，將南師生前手書、晚清名臣左宗棠的名句「能受天魔方鐵漢，不遭人忌是庸才」，贈予華為公司和任正非先生，以表達他們的由衷敬意。

大多數國人應該會認同這樣的觀點：孟晚舟事件，

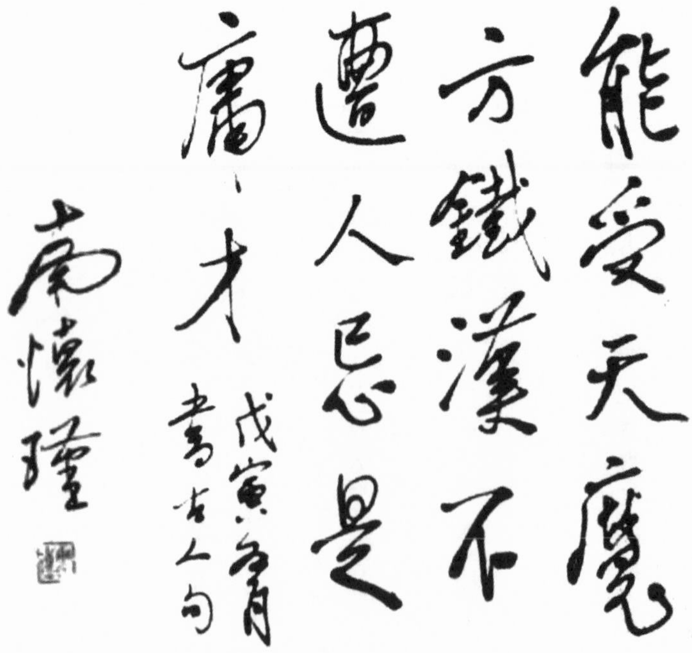

南懷瑾先生手書

已經不只是任正非先生的家事了，而是事關中美博弈、世界變局的國事、天下事。

家事：孟晚舟是代父出征的「當代花木蘭」

千百年來，花木蘭一直是廣受中國人尊敬的巾幗英雄、傳奇女性，她勇敢又善良，忠孝節義，代父從軍，擊敗外族入侵而名垂千古，後世追封為「孝烈將軍」。她的故事也是一首悲壯的英雄史詩。

今天，同樣的故事正發生在孟晚舟身上；同樣的品質也在孟晚舟身上得到了體現。

在二〇一八年十二月以前，也許大部分國人都沒有聽說過「孟晚舟」這個名字。時至今日，相信大部分中國人都會永遠記得這個名字，她成為一種精神、一種品格的象徵，成為全體中華優秀兒女的代表！

作為一名職場女性，孟晚舟首先是父母的女兒、丈夫的妻子、兒女的母親，發生在她身上的不幸遭遇，首先是她的私事、家事，受傷害最深、受影響最大的是她本人以及她的家人。

作為華為公司的一名高管、作為任正非先生的女兒，孟晚舟無疑是幸運的，但卻不幸成為第一個（希望也是最後一個）為華為、為她父親「擋子彈的人」。美國人的「槍口」，對準的是華為這家中國的高科技企業，是華為的「掌舵人」任正非先生。從這個角度看，孟晚舟稱得上代父出征的「當代花木蘭」。

親情是這個世界上最美好、最堅固的感情，即使是崇尚個性獨立的美國人，相信也是有這份人類共同的情感的。但今天的美國「政治精英」卻是企圖以此為武器，擊垮華為、擊垮任總。

在過去的五百多個日日夜夜裡，孟晚舟所表現出來的那種淡定、從容、優雅、堅毅，充分體現了中華兒女的優秀品格，處亂不驚，越挫越勇，那份深厚的家國情懷，是任何外來勢力所無法壓服的。有女如斯，夫復何求！

在這場「美帝」強加的「莫須有」的制裁和打壓面前，據稱，年近八旬的任正非先生在公司內部會議上說，「已做好此生見不到女兒的準備」。這份悲壯，足以讓天下所有為人父母、為人兒女者動容！

國事：孟晚舟事件是現代版的「蘇武牧羊」

西漢蘇武奉命出使匈奴，被扣為人質。面對匈奴貴族的威逼利誘，他手持漢朝符節，堅貞不屈，在遠離故土的異族他鄉，持節牧羊十九載，方獲釋回漢。蘇武牧羊的故事，彰顯了中華兒女不屈不撓、「使命重於生命」的偉大節操。

如果說歷史上的「質子」尚有自願的，今天的孟晚舟，則完全是被「美帝」及其「幫兇」強行扣押的現代版的「蘇武」。無怪乎有人說，孟晚舟事件完全可能演變成現代版的「蘇武牧羊」。

「美帝」要打壓的也不僅僅只是華為一個企業，而是整個中華民族崛起、復興的腳步。從這個意義上說，孟晚舟事件早已不只是華為公司的私事、不只是任正非父女的家事，而是整個中華民族的國事。孟晚舟也不只是任正非的女兒，而是全體中國人民的女兒。

孟晚舟腳上的電子腳鐐，刺痛的是全體國人的眼睛。時至今日，孟晚舟事件牽動著所有國人的神經，大家感同身受，同仇敵愾！

如果說歷史有時會驚人地相似，那可能就是：蘇武背後站著的，是經過了「文景之治」的強大漢王朝；而孟晚舟背後站著的，是經歷了改革開放、走向全面復興的偉大新中國。

天下事：孟晚舟事件將是中美國運轉換的一個歷史見證

南懷瑾先生早在二十世紀八十年代就曾經預言，中國接下來會有二三百年的昌盛國運，而美國的衰弱則是歷史的必然。

從民間到官方，也不乏這樣的觀點：中華民族有五千多年綿延不絕的歷史，而美國建國至今不過兩百多年。放眼歷史的長河，美國的那點歷史，只是滄海之一粟罷了。

曾經的美國，一「超」獨「霸」，飛揚跋扈、趾高氣揚慣了，眼下表現出的「窮凶極惡、氣急敗壞」，只會讓人覺得是「色厲內荏」、「苟延殘喘」罷了，是到了「強弩之末」。甚至有人說它早已是「金玉其外、敗絮其中」。

雖然美國在一定時期內仍會是世界第一經濟、軍事強國，但大家一定不要忘了「趨勢」的力量，所謂「大勢至」也。

當然，中美國運的轉換不會是等來的，也不可能是一蹴而就的。它需要千千萬萬個任正非、孟晚舟這樣的優秀中華兒女，需要千千萬萬個華為這樣的優秀民族企業，去抗爭、去拚搏、去努力。

孟晚舟事件提醒我們，這一天的到來可能會比預想的要更快些、更早些。也讓人越發清晰地感受到，中國共產黨人提出的「道路自信、理論自信、制度自信、文化自信」這「四個自信」，不只是一種理論表述，而是可以轉化為實實在在的實踐優勢的。

二〇二〇年這個庚子年，註定是個不平凡的年份。一段時間以來，中美「脫鉤」、「半脫鉤」成為熱議的焦點，國人通過華為公司的遭遇，通過孟晚舟事件，也看清了「美帝」的真實面目，丟掉了不切實際的幻想，調整心態、積極應對。

古人說：「國雖大，好戰必亡；天下雖安，忘戰必危。」正可用來評價當下的中美關係。

歷史和現實告訴我們：中國不好戰，但也不懼戰。而能戰方能止戰，善戰方能勝戰。無論是貿易戰、科技戰、金融戰，抑或全面冷戰甚至熱戰，躲是躲不過去的，唯有直面困難和挑戰。

當然，也有人堅持認為，中國應該繼續按照鄧小平他老人家的教誨，「韜光養晦」、「忍辱負重」、「永不當頭」。但「形勢比人強」，這只能是一廂情願的「美好」願望罷了。現實已不允許我們繼續「埋頭苦幹」，而必須「發憤圖強」了。

中國有十四億勤勞智慧的人民，有廣闊的內需市場，有便捷的基礎設施，有完整的工業門類和產業鏈，有強大的體制機制優勢。相信在不遠的將來，中國晶片、中國光刻機等先進技術產品都會茁壯成長、後來居上。

天下苦美久矣！今日之世界，早已不是美國一家獨大、唯我獨尊之時代！今日之美國，「退群」成癮、「甩鍋」成性，進退失據，方寸自亂，頻頻失信於天下，遲早是「過街的老鼠」！

從這個意義上說，華為不能倒，華為也不會倒。歷史終將證明，發生在今天的孟晚舟事件，必將成為中美國運轉換的一個歷史見證而載入史冊。

二〇二〇年六月六日

美國：從「得意忘形」到「失意忘形」

南懷瑾先生曾說：「一個人發了財，有了地位，有了年齡，或者有了學問，自然氣勢就很高，得意就忘形了。所以，人做到得意不忘形很難。」「比得意忘形更可怕的，是失意忘形。」「有人本來蠻好的，當他發財、得意的時候，事情都處理得很得當，見人也彬彬有禮；但是一旦失意之後，就連人也不願見，一副討厭相，自卑感，種種的煩惱都來了，人完全變了——失意忘形。」「所以得意忘形與失意忘形，同樣都是沒有修養，都是不夠的。」

南先生所說的，是關於一個人「得意忘形」、「失意忘形」的情形。如果這段話要找一個國家來作代表，則非「地球霸主」美國莫屬了。綜觀今日美國之種種表現，一言以蔽之，就是從「得意忘形」進入了「失意忘形」的狀態。

應該說，兩次世界大戰以來，特別是美元霸權確立以來，美國一直是以「山巔之城」的姿態睥睨全球的。其「得意忘形」的表現不勝枚舉，帶動了整個西方社會「白人至上」（尤其是盎格魯—撒克遜民族）的種族優越感，「非我族類，皆為蠻夷」。極端自信、自負的結果，必然是信用透支、入不敷出，「其興也勃焉，其亡也忽焉」。其最輝煌的時候，恰恰也是逐漸下坡、步入頹勢的開始。

記得南懷瑾先生在二十世紀八十年代居留美國期間，曾對美國財政部的一位官員說道：「對你們美國的觀感有三句話：第一，你們是世界上最富裕的國家。第二，是最貧窮的社會，因為我看到那些家庭用的汽車、傢俱、電視機、洗衣機、冰箱等等，都是分期付款的。第三，你們是世界上負債最大的國家，你們根本空的，都是欠人家的，欠全世界的，騙全世界來的，因為你們有原子彈，所以人家不敢向你們討帳。」

而現階段（尤其自川普執政以來）的美國，習慣性地背信棄約、野蠻制裁、瘋狂施壓的各種表現，透露的是內在的虛弱、色厲而內荏，一副「沒落貴族」的「討厭相」。以「失意忘形」來形容之，一點不為過。

新冠肺炎疫情爆發以來，供應鏈崩潰、通貨膨脹、勞工短缺、金融風險等積聚疊加、循環助推，暴露出了美國社會深層危機，財富分配加速兩極化，早已到了積重難返的地步。

據悉，「自新冠肺炎疫情爆發以來，美國四百七十多位億萬富豪的總財富增加了二・一萬億美元，增幅達百分之七十。美國最富有的百分之一的人擁有的財富，有史以來首次超過了整個中產階級的財富，頂層倚仗資本在食利，而底層在社會階層固化的絕望中選擇了『躺平』。『生之者寡而食之者眾』的弊病更加嚴重」。

更要命的是，美國是典型的消費社會。製造業流失嚴重，即使擁有世界一流的高科技企業，大多也是無工廠企業，生產端基本不在其境內，各種生活必需品和耐用消費品幾乎完全依賴進口，美國的公路、鐵路、橋樑等基礎設施，早已老舊不堪，物流不暢、供應鏈危機，更加突顯了美國產業空心化的問題。

而美國股市一路高歌的「繁榮」假象，早已經與實體經濟嚴重脫節。美國股市總市值超過GDP兩倍，處於嚴重高估狀態，早已是「高處不勝寒」。而一旦離開美聯儲這部得心應手的印鈔機，美國政府的巨額債務風險將加劇，美國經濟復甦會被釜底抽薪，股市泡沫也面臨刺破的危險，並可能引爆企業和家庭的債務危機。一場更猛烈的金融風暴也正在悄然醞釀。

當下的美國，仍執著於依賴「美元、美軍、美式民主」的霸權餘威，其刻意挑起的俄烏戰爭，或可收一時之效，短期吸引部分美元回流救通脹之危，但其國內的困境、困局難解，在「西式民主」的治理體制下，始終是飲鴆止渴，終不能久遠，不過是「失意忘形」下的窮途末路、苟延殘喘罷了。

究其因，恰如南懷瑾先生所言：「是心有所住，有所住，就被一個東西困住了。」對此，南先生給出的答案是：「應無所住而行布施，是解脫，是大解脫，一切事情，物來則應，過去不留。」於人如此，於國亦然。可惜傲慢的美國終究無法（或不願）接受這樣一個現實：距離其走下「神壇」的日子已經不遠了。而無論「得意忘形」還是「失意忘形」，起決定作用的還是當事者自己。恰如先賢所言：「族秦者秦也，非天下也」，「後人哀之而不鑑之，亦使後人而復哀後人也」。但願「霸道」終結之日，便是「王道」興起之時。

二〇二二年三月十三日

美國式「坍塌」

【資料】

一、當地時間二〇二一年六月二十四日凌晨一時三十分左右，位於美國佛羅里達州邁阿密—戴德縣瑟夫賽德的一棟十二層的公寓大樓——尚普蘭塔南（Champlain Towers South）公寓大樓發生災難性的坍塌事件，事故發生時很多居民都在睡夢中。截至七月四日，大樓倒塌事故的死亡人數已上升至二十四人，仍有一百二十四人下落不明。

二、當地時間二〇二〇年十二月一日，美國最大的天文射電望遠鏡（阿雷西博）上懸掛的接收設備平台墜落，靶心正中望遠鏡反射盤表面，曾經世界最大的單孔徑望遠鏡就這樣塌掉了……

三、美國《新聞週刊》網站於二〇二一年七月二日發表美國眾議院前議長紐特・金里奇題為〈大熊貓與基礎設施法案〉的文章，作者稱：

中國的進步與美國的癱瘓形成的鮮明對比一直在加強。這是一個嚴重的問題。凡是認為美國不必進行國內重大改革就能與中國競爭的人都是在癡心妄想。

建築物和基礎設施隨著使用年限的增加，出現破損、老化、危舊是必然的規律，各國皆然。中國也有「樓倒倒」、「樓歪歪」，也有老舊社區改造。不同的只是，中國政府、政黨自我糾錯的能力、知錯必改的意識、舉一反三的效率，顯然是當下的美國政府和社會所不能及的，兩者的差距就一目瞭然了。對比中美兩國在大型基礎設施領域的投入上的巨大反差，只能用「此消彼長」來形容，就連身為美國政客的金里奇也承認：「在我們辯論不休、彈劾總統和進行競選的時候，他們在搞建設。中國的進步與美國的癱瘓形成的鮮明對比一直在加強。」「今天，中國的高鐵運營里程已經達到三．七九萬公里，最高時速達到三百五十公里……中國的計畫是到二〇三五年，將民用運輸機場增至四百個左右。」對此，金里奇給出的建議是：「讓美國的政治人物、利益集團、遊說者、工會及官僚們認識到他們最好應當整合國家目標——僅僅是為了我們這個國家的繼續存在——他們都該去乘坐一次中國高鐵，之後再回國乘坐（美國）全國鐵路客運公司的『阿塞拉』號快速列車。後者最高時速是一百五十英里（約合兩百四十公里）。然後，他們應對比中美鐵路系統的舒適度、清潔度、便捷度和服務。」

金里奇看到的也許只是中美兩國在基礎設施建設領域表面的差異，他看不到的是這種現象背後所折射的信息：今天的美國社會，早已沒有了開國初期的那種開拓、進取和革新精神，制度的固化、民主的異化、社會的僵化，無一不在昭示著「美國式坍塌」的到來。當一個國家（民族、社會、文明）失去了自我革新的勇氣和能力，也就離衰弱不遠了。這種制度層面的「美國式坍塌」才是更要命的。

一場突如其來的新冠肺炎疫情，也很好地詮釋了這種「美國式坍塌」的必然性。從去年疫情爆發至今，在政治極化日益嚴重的美國，疫情總是被政治化。戴不戴口罩？封不封城？各地對這些防疫問題展開激烈而持久的爭論。政治立場當然也不可避免影響美國人對新冠疫苗的態度。香港蘭桂坊集團主席盛智文（Allan Zeman）在一場研討會上直言，以前眾人仰望的「美國夢」，如今已淪為「美國噩夢」，特別是以美國為代表的西方民主制度早已爛透。

被稱為「蘭桂坊之父」的盛智文是出生於德國的猶太裔，童年移居加拿大，十九歲時來到中國香港掘金。二十世紀八十年代初，盛智文在香港蘭桂坊開了一家「加州餐廳」，之後逐步成為蘭桂坊大業主。如今的蘭桂坊已成為香港著名的酒吧及餐飲區。二〇〇八年，盛智文放棄加拿大國籍，成為一名中國香港人。他曾表示，「我從沒後悔入籍中國，作為中國人我很驕傲。」

在我們舉國歡慶中國共產黨建黨百年之際，一個深切的感受是，中共最值得稱道的，無疑就是它的自我革新能力，雖然它也曾經犯錯，將來也不可避免還會犯錯，但它能直視自己的錯誤並勇敢面對、革故鼎新，這才是一個執政黨永葆青春活力的源泉所在。復旦大學中國研究院學者李世默在美國著名政經網站「外交政策」發表文章，評論中國共產黨在其一百週年誕辰之際面臨的機遇和挑戰。他說：「能在全世界頭號人口大國長期執政，中國共產黨靠的是兩大特質——自我實現和自我革新。自我實現是目的，自我革新則是達到目的的手段。」

今天的中國共產黨人，更明白沒有任何可以沾沾自喜、裹足不前的理由。畢竟，中共建黨不過百年，執政更只有七十餘載。今天的中國強敵環伺、殷鑑不遠，作為一個長期執政的大黨，一旦忘了「以人民為中心」的初心宗旨，「其興也勃焉，其亡也忽焉」。而這是美國的政黨和政客們所無法理解和不願正視的。所以，「美國式坍塌」才剛剛開始，一切還遠沒有結束。

二〇二一年七月七日

川普之於中國的意義

美國總統的選舉結果尚未塵埃落定，但「大統領」川普下台應該已是大概率的事了。相信對於信奉「分久必合，合久必分」的多數中國人來說，以為「有（川普）這碗酒墊底」，「至暗時刻」已經過去，終於可以「鬆一口氣」了。

其實未必盡然，且不說接下來的美國政府大概率會延續之前的對華強硬政策，誰知道四年後（二〇二四年）川普會不會「捲土重來」？單說過去四年川普政府的所作所為，對於中國而言，也未必全是壞事。

至少，本屆川普政府也給中國留下了很多的「遺產」和「禮物」，提醒了很多我們「應該做、可以做、必須做」，但卻「以為做了、認為沒必要做」，甚至「忘了做」的事情。而這或許才更有意義。

難得的「清醒劑」

川普政府的橫空出世，對於長期享受「和平」紅利、羨慕西式民主、嚮往西方生活的國人來講，不啻是一記當頭「棒喝」。這四年，讓我們更加明白了：「弱肉強食」的叢林法則從未遠去，美帝貪婪成性、欺凌弱小、唯我獨尊的霸權心態從未改變。

我們期許的「太平洋足夠大，容得下中美兩個大國」、「構建人類命運共同體」，至少目前看，仍只能是中國「一廂情願」的美好願望，不要指望一蹴而就，美帝等西方列強從來都是信奉「零和」博弈的。

對於「反中」、「排華」成為「政治正確」的美國民主、共和兩黨而言，以往的美國政府也是「這樣想」的，只是未必會「這樣說、這樣做」罷了。而資本家出身的川普喜歡簡單、粗暴、直接，既「這樣想」，也「這樣說、這樣做」了，雖然「吃相」很難看，但本質是一樣的。

川普的對華極端政策這記「棒喝」，對於長期以來習慣於「暖風熏得遊人醉」、聽慣了「吹捧」之聲的國人而言，無疑是一劑難得的清醒劑。從這個角度講，「棒喝」比「吹捧」好，雖然一時難堪，總比被「溫水煮青蛙」強。

愛國主義的「活教材」

一場新冠肺炎疫情使川普領導下的美國成為一面西方社會的「照妖鏡」，讓我們看清了真實的美國、真實的西方世界。一直以來「偉光正」的美式民主、價值觀，乃至西方的生活方式，「人設」全面崩塌。「自由世界」不再是大眾心嚮往之的「人間天堂」，而成了唯恐避之不及的「人間地獄」。

從這個意義說，川普政府的四年執政，把西式民主、西式治理的痼疾展露無遺，給我們提供了形象、生動的「活教材」，給全體國民上了一堂極富說服力的愛國主義「公開課」。

社會主義的優越性、共產黨執政的合理性，從來沒有像今天這樣成為全民的高度共識。而其中，「川建國」（川普）的作用怎麼評價都不過分。

免費的「宣傳員」

既然中美不可避免地要成為戰略競爭的對手，那麼對手犯的錯，恰恰證明了我們的正確。

在英語仍是國際通用語言、西式話語體系仍占有主導權、美國仍占據世界輿論制高點的情況下，川普領導下的美國「人設」的崩塌，恰好從反面印證了我們的正確，也有助於世界更好地認識中國，更理性、客觀地看待中國道路、中國方案、中國模式、中國智慧。

至於那些被川普政府直接打壓的中國企業、中國產品，更是「享受」了免費的宣傳、推廣和營銷。有了川普這個中國產品的「代言人」，相當於在紐約時報廣場打廣告，既免費又高效。

凝聚共識的「催化劑」

客觀地說，在川普執政以前，國人對於「中國製造二〇二五」、「工業四・〇」，對於科技、創新、人才等的重要性、緊迫性，認識還是不足的。正是川普政府的傾力打壓、脅迫，讓這一切變得清晰而且明確，省去了我們很多教育成本，縮短了內部統一思想、形成共識的過程，並使國人的認識空前一致、內部達到空前團結。

從這個意義上講，川普政府的「美國優先」、「閉關自守」發揮了「神助攻」的作用，對於我們凝聚最廣泛的共識，起到了「催化劑」的作用。

中華復興的「助推器」

在川普執政這段時期，受中美關係惡化的影響，「臺灣問題、香港問題」，甚至「西藏問題、新疆問題」，都「死灰復燃」或「變本加厲」了起來，在歐美「噁心」中國的同時，也給了我們「該出手時就出手」的機會和理由，解決了很多長期存在、久拖未決的事情。

在中美關係到了「只有更壞、沒有最壞」的這個階段，我們做最壞的打算、往最好的方向努力，未嘗不是一件好事。

既然中美已經到了「全脫鉤」、「半脫鉤」的階段，其實也給我們解決兩岸問題提供了一個千載難逢的「窗口」機遇期，兩岸的統一將更快地擺上議事日程。

「前事不忘，後事之師」

川普之於美國乃至整個西方社會，絕非個別、偶然現象，今後還會有更多的「川普」式政治人物出現。

「物極則必反」，事物都有正反兩面，我們在記取「川普」們給中國造成傷害和麻煩的同時，也完全可以從這些「豬隊友」送上的「神助攻」中，先做好自己的事情，進而實現既定的戰略目標。

如此，則中華幸甚！民族復興，前景可期也。

二〇二〇年十一月二十三日

讀《創業的國度》所想到的

以色列以一個彈丸小國所創造的經濟奇蹟，確實值得研究和分析，而這本由美國丹・塞諾（Dan Senor）和以色列索爾・辛格（Saul Singer）合著的《創業的國度——以色列經濟奇蹟的啟示》（繁體版書名為《新創企業之國：以色列經濟奇蹟的啟示》，木馬文化出版）無疑給出了很多有益的啟示和答案。而我們——發展中的中國，似乎能夠總結，也有很多人樂於總結的發展經驗俯拾皆是。俗話說，他山之石，可以攻玉。換個角度看自己，換一種思維方式或許可以得到更多有用的啟發，這是我讀這本書時首先想到的。

作者開宗明義：這是一本關於創新和創業精神的書。掩卷而思，我認為其不竭的動力來源於猶太民族獨特的文化和其惡劣的生存環境，而這恰是我們中華民族可以借鑑和學習的。

其一，關於文化。當我們中國的專家學者一派歌功頌德，陶醉於「世界第二」的經濟奇蹟，似乎中華民族的偉大復興指日可待的時候，其實我們的國家、我們的民族，已是物欲橫流、人情冷漠、危機四伏，沒人認真研究我們失去了什麼，我們更應該重視些什麼，而文化的缺失、精神的頹廢、信仰的迷惘，這些恰是當下中華民族最需重視的，也是我們缺乏持久競爭力的根源所在。國學大師南懷瑾先生在談及以色列以及猶太民族時說，即使沒有以色列這個國家，只要有猶太民族在，它也永遠不會滅亡。相反，一個貌似強大的國家，如果沒有屬於自己的民族文化，其衰落也只是遲早的事情。反觀我們的國家，伴隨經濟的快速發展，卻是文化的匱乏、信仰的缺失、（道德）底線的喪失。這樣的發展，說到底是無法走遠，也是不可持續的，更是危險的。今天，我們提出要注重社會管理的創新，提煉社會主義的核心價值觀，但是要避免急功近利，因為文化的回歸和精神價值觀的重建，不是一朝一夕的事情。更要命的是，過去我們迷信「西方的月亮也比中國的圓」，現在又期待找到一個濟世良方，能包治當今社會的百病。殊不知，當我們眼睛盯著海外，盼著天上掉餡餅的時候，卻忘了老祖宗留給我們的寶貴文化財富，那才是真正意義上的傳家寶貝，那就是我們優秀的中華傳統文化，中華民族的真正精華所在。現在我們的小孩兒從牙牙學語就要開始學習英文，到大學畢業卻不會好好地寫祖宗留給我們的方塊字，更不要奢談瞭解多少國學精髓。這方面，南懷瑾先生，一個世紀老人，本著「出世的態度」，做著「入世的事業」，以弘揚國學為己任，更一語中的地指出，五四新文化運動打開了我們看世界的視窗，卻也關上了我們與老祖宗對話的大門。豐富的文化寶藏，因今人那點少得可憐的文言文功底而被束之高閣，在我們以「無知無畏」的心態批判傳統文化的不合時宜時，殊不知，我們所瞭解的傳統文化真的連九牛一毛也不及。一個不尊重自己歷史和傳統的民族是沒有希望的，從這個意義上說，我們真應該向以色列這樣的國家、民族學習，國亡了，也不能亡文化、亡精神。好好地從孩子們抓起，把祖宗留給我們的寶貴文化精神代代相傳下去，才對得起、配得上炎黃子孫的稱號。

其二，關於生存環境。以色列建國只有短短幾十年，卻始終處在周邊充滿敵意的阿拉伯世界的包圍之中，與生俱來的憂患意識浸入到這個國家和民族的每一個人心裡，也正是這樣的憂患意識讓他們有了不屈不撓、用之不竭的精神動力。此外，飽經磨難的猶太民族，對自己的國家倍加珍惜。什麼叫同仇敵愾？什麼叫眾志成城？什麼叫生於憂患、死於安樂？以色列這個國家和民族，給出了最好的回答。同樣，翻開我們中華民族的近代史，就是一部凝聚著血和淚的屈辱史、災難史，如果說災難可以凝聚人心，那災難過後又靠什麼來凝聚人心？答案應該就是一個民族始終保持一種憂患意識，憂患可以催人奮進，而今天的中國人似乎正缺少這樣的憂患意識，並且這樣的憂患意識，不應只是少數精英階層的「專利」，而應該是全民族、全體國民的一種共同意識。這方面以色列做到了，反觀我們的國人呢？自私、狹隘、勢利、鑽營，充斥在我們社會生活的方方面面，而在國家觀念、民族意識等方面，則充滿了莫名其妙的優越感和急功近利的功利主義。如果一定要找到一個參照物才能警醒我們的國民，其實我們的生存環境並不樂觀，且不說美國為了長久保持其霸主地位，以它的「硬實力、軟實力和巧實力」，對發展中的中國進行全面的「圍剿」，即便我們的近鄰們，也不願意看到一個強大的社會主義中國近在咫尺，更何況，我們還有海峽兩岸如何統一的問題沒有解決。我們的內部也並不太平，地少人多、地區差異、民族矛盾、資源短缺，等等，每一樣都制約著我們，困擾著我們，也考驗著我們的能力和智慧。所有這些，都不能指望個別英雄領袖或少數專家精英來輕易解決或化解，需要的是整個中華民族和全體國人共同保持一份長期的憂患意識，進而轉化為創新、創業的不竭動力和力量源泉。

無論文化的回歸還是憂患的確立，均非一朝一夕之功，也許需要幾十年甚至幾代人的努力。我們的政府、政黨和社會精英們，並非無可作為，更應該擔當起來，教化民眾積極好學、知恥知禮知止，培養正確的價值觀、榮辱觀和敬畏心，確立時不我待、只爭朝夕的危機感和憂患意識。持之以恆，我相信，我們的民族才能真正地實現它的偉大復興。

「Chin」與「中國」

由於疫情的原因，雖同住太湖邊，考慮到劉雨虹老師已是百歲高齡，我已經很長時間沒有去看望她了，上次見面還是去歲臘月的一個週末。

大家都知道，劉雨虹老師是南懷瑾先生的文字「總編輯」。而劉老師的另一段經歷，卻常常被忽略：她是二十世紀四十年代南京金陵大學（教會辦學）的畢業生，曾經做過記者和駐台美軍的翻譯。可見，劉老師不僅國學功底深厚，英文也是非常扎實的。也因為如此，她為南師的書翻譯成外文、推介到海外，助益不少。

一次與劉雨虹老師閒聊，談及「秦」在中國歷史上的特殊地位和作用：實現了中國歷史上第一個獨立、統一、中央集權的「大一統」王朝。「郡縣制」、「書同文，車同軌」，影響後世深遠。雖「二世而亡」，卻能長存於史、傲立於世。

劉老師說，其實「China」（中國）這個單辭，最早就是從「Chin」

（秦）演變而來的。

可見，即便在近現代西方人的眼中，能夠代表「中國」的，「秦」也是當之無愧的。

將信將疑之下，我搜索網路，果然找到類似的表述：據《不列顛百科全書》記載，中國第一個大一統封建王朝——秦的英文名字即為Chin，這也是China一辭的來源之一。Chin是韋氏拼音「秦」的拼法，等於漢語拼音qin。

由於眾所周知的原因，近代以來國人飽受欺凌和屈辱，對China這個單辭，摻雜了太多複雜的情感記憶。尤其是關於「支那」一辭，更包含了對中國人的蔑視。

知恥近乎勇！值此百年未有之大變局，國人當自強。相信在不遠的將來，當中華民族復興之日，我們可以重振「Chin」（秦）的輝煌。或許有朝一日，應該把「China」改回「Chin」，這才是「中國」應有的定義。

二〇二〇年三月三十日

「秦皇漢武」到「今朝」

開國領袖的名篇〈沁園春・雪〉，讓我們記住了「秦皇漢武」、「唐宗宋祖」這些盛世明君，也領略了「數英雄人物，還看今朝」的偉人氣魄。歷史有時會表現出某種驚人的相似。翻看秦到漢初近百年的歷史，對照民國、新中國至今的百餘年歷史，頗有幾分「神似」，試與大家分享之。

秦朝（西元前二二一－前二〇七年）滅六國，結束了自春秋起五百多年來諸侯割據的局面，建立了中國歷史上第一個統一的、多民族的中央集權國家，首創了皇帝制度。採用「郡縣制」，統一度量衡和文字，強化了中央對地方的控制，奠定了中國大一統王朝的統治基礎。而由於秦朝的嚴酷統治，以及連年征戰帶來的國力衰竭，加之「焚書坑儒」等思想上的鉗制，秦朝在短短十五年之後，就在「揭竿而起」的農民起義中匆匆謝幕了。代表人物：秦始皇嬴政、秦二世胡亥、秦王子嬰；歷時：十五年。

西漢（西元前二〇六－西元八年）是我國第一個統一強盛的帝國。在西漢統治的兩百多年的歷史中，通過一系列政治、經濟的改革，使國力強盛、人民安樂，呈現出一派太平盛世的景象。在此期間，中國一直以世界強國的面目屹立於世界民族之林。西漢王朝被視為中國歷史上的第一次中興。漢高祖劉邦在位七年間，削弱異姓王侯的勢力，加強了中央集權統治，同時制定了一系列的「與民休息」的政治方針，為大漢盛世奠定基礎。

漢惠帝劉盈（西元前一九五年即位）、前少帝劉恭（前一八八年）、後少帝劉弘（前一八四年）時，政權實際掌握在漢高祖的皇后呂雉手中。呂后前後共掌權十六年（是我國歷史上為數不多的女統治者之一）。漢文帝劉恒（西元前一八三年即位），與漢景帝劉啟（西元前一五六—前一四三年在位）都繼續執行高祖所制定的「與民休息」的政策方針，減輕人民賦稅，使漢帝國經濟蓬勃發展，人民生活安定，國力大大增強，史稱「文景之治」（前後約四十年）。漢武帝劉徹（前一四一年即位，在位五十四年），採納大臣董仲舒「罷黜百家，獨尊儒術」的建議，在全國加強了思想統治。自此，儒教、儒學形成了漢朝以後中國歷朝歷代一貫遵從的治國方略。通過對匈奴的戰爭和張騫出使西域，多民族國家得到進一步發展，並通過絲綢之路，中外經濟文化交流有了新的發展。他的雄才大略、文治武功，使漢朝成為當時世界上最強大的國家。代表人物：漢初「五帝」（或「七帝」）；歷時：約七十年。

中華民國（簡稱民國），是辛亥革命以後建立的亞洲第一個民主共和國。提出「三民主義」和《建國方略》，確定了總統制。領土「依其固有之疆域」（包括蒙古），面積為一一四一八一七四平方公里，是世界領土面積第二大國（僅次於俄羅斯）。

民國初期北洋政府主政中國，北洋政府分崩離析後政局動盪不安，孫中山南下建立國民政府；一九二六年國民政府出師北伐，兩年後東北易幟，結束了軍閥割據的局面，國民政府從形式上統一中國；一九四九年因國共內戰失利，中華民國在大陸二十二年的統治宣告結束。代表人物：孫中山、袁世凱、蔣介石；歷時：二十二年。

中華人民共和國，一九四九年十月一日成立。重要事件：二十世紀早期，城市工商業社會主義改造和農村土地集體化。一九五三年到一九五六年，中國基本建立了社會主義制度，進入社會主義初級階段。一九六四年中國第一顆原子彈爆炸成功。一九五八年全國各條戰線掀起了「大躍進」的高潮。一九六〇年起進入了三年經濟困難時期。一九六六年到一九七六年，發生了給黨和國家帶來嚴重災難的「文化大革命」。一九七八年底召開中共十一屆三中全會，這是新中國成立以來的偉大轉折，從此開始了四十餘年的改革開放歷程。代表性事件：家庭聯產承包責任制、設立經濟特區、引進外資、合作開工廠、發展外貿、鄧小平南方談話、「三個有利於」、「發展是硬道理」、世界第二大經濟體、「一帶一路」、「人類命運共同體」、「偉大復興中國夢」。代表人物：新中國歷任領導人。

「以史為鑑，可以知興替。」恰如南懷瑾先生所說，按照歷史法則的推演，中華民族從二十世紀八十年代開始，將迎來二百多年的大運，未來會比漢朝、唐朝、康乾盛世還要好！讓我們拭目以待吧……

二〇二〇年三月三十一日

古裝歷史劇的經典：《雍正王朝》

記得一九九九年初，有兩部古裝清代電視劇風靡一時：一部是言情、戲說、偶像劇《還珠格格》，一部是歷史正劇《雍正王朝》。兩部劇集差不多同時開播，一時萬人空巷、風頭無兩。年輕人、婦女、小孩兒，一邊哼唱著「你是風兒我是沙」，一邊隨著小燕子、爾康、五阿哥、紫薇一起嬉笑怒罵；而機關幹部、知識份子們，則被「得民心者得天下」、「一心要江山圖治垂青史，也難說身後罵名滾滾來」的《雍正王朝》所吸引，欲罷不能。時間是最好的沉澱劑，轉眼二十一年過去了。《還珠格格》雖經重拍，終究風光不再，曾經的「格格迷」們，也早已長大成年了，新一代的年輕人又有了新的偶像和追求。而二月河原著、劉和平編劇、胡玫執導，唐國強、焦晃等主演的《雍正王朝》，卻堪稱中國古裝歷史劇的經典之作，久播不衰，歷久彌新（豆瓣評分至今仍在九分以上）。

該劇講述了康熙皇帝駕崩，素有「冷面王」之稱的四阿哥胤禛繼位。在當政後出現的山西諾敏案、科場舞弊案中，雍正殺了一批牽扯其中的朝廷重臣。「攤丁入畝、火耗歸公」、「士紳一體當差、一體納糧」、「河南罷考案」、「鐵帽子親王大殿發難逼宮」、「含淚殺親子」等一系列旨在推行新政、抑制官紳腐敗和內部黨爭的歷史事件，貫穿了雍正的一生和整個雍正王朝。

這樣一部歷史類題材的電視連續劇，能夠吸引大家百看不厭、常看常新，得益於其精彩的劇情、精良的製作，尤其是台詞之精練，遠在《康熙王朝》《漢武大帝》之上。而強大的演員陣容，特別是幾個「老戲骨」的精彩演繹，尤其值得稱道！試說一二。

操碎了心的「皇爺爺」

「老戲骨」焦晃老師飾演的老年康熙皇帝，鬆弛自然，不著痕跡。感覺他不是在「演」皇帝，而就是在「做」皇帝，把一個為了江山社稷、子孫後嗣操心勞力的帝王形象，詡詡如生地展現在螢幕上。以至於看完前二十集，讓人誤以為劇名應該叫「康熙王朝」，而非「雍正王朝」。

據報導，當年曾有北京某高校的海歸學者，在看了焦晃老師飾演的康熙皇帝後，感慨道：「終於明白要做好一個中國的帝王，當好這個封建大家長真的不容易。」從焦晃飾演的康熙這個「皇爺爺」身上，我們可以看到一代明君聖主，選擇、培養、保護好一個合格的接班人（甚至要考慮到隔代的繼承人），所需要付出的心血、智慧和勇氣。這麼一個角色的飽滿形象，離不開焦晃老師深厚的文化底蘊和扎實的話劇舞台功底。從他口中唸出的台詞，絲毫沒有違和感，聽來是一種享受。

有國無家的雍正帝

唐國強主演的雍正皇帝，再無往昔「奶油小生」的痕跡，有的是大氣磅礴、大義凜然，把一個憂國憂民、一心為國的「勞模」皇帝的形象刻畫得真實自然，無疑是較為接近史實的雍正形象。

據記載，雍正皇帝每日的「朱批」在一萬字以上，雍正一朝十三年創造的稅賦財富，超過了康熙和乾隆兩朝一百二十年的總和。也可以說，正是有了雍正的勤政，才奠定了「康乾盛世」的物質基礎。

有人總結了雍正在位時的十大功績：整飭吏治、攤丁入畝、設立軍機處、完善密折制度、開放洋禁、廢除腰斬、廢除賤籍、平定羅卜藏丹津、始派駐藏大臣。他的歷史貢獻，應該是遠甚於他的兒子乾隆的。正是有了雍正創造的穩定基業，才成就了後世乾隆的所謂「十全老人」。編劇劉和平是這麼解讀《雍正王朝》的：「托爾斯泰說，帝王是歷史的奴隸，如果一個皇帝或上層集團把國當成家，那他的家庭利益就讓步了，從這個意義上分析，雍正恰恰是有國無家的人。」正因為雍正是個敢於改革弊政、注重實幹擔當的皇帝，也應了《雍正王朝》片尾曲〈得民心者得天下〉的歌詞：「一心要江山圖治垂青史，也難說身後罵名滾滾來。」

「三朝宰輔」張廷玉

歷史上的張廷玉，是跨越了康雍乾三世的「三朝宰輔」，作為一名漢臣，位極人臣。劇中杜雨露的表演可圈可點，他把一個忠君、愛民、惜才，始終小心翼翼、兢兢業業的「高級幹部」楷模形象，刻畫得入木三分。

「實心辦差」的田文鏡

劇中的河南巡撫田文鏡，無疑是實心辦差的「好幹部」。他衷心擁護改革，在上級（雍正皇帝）支持下試行「士紳一體當差、一體納糧」新政，頂住層層壓力、阻力，敢於動真碰硬，敢啃「硬骨頭」。此劇塑造了這樣一位「孤臣」的典型。

雍正「新政」，正是有了一大批像田文鏡這樣的地方官員的支持、配合，才得以落地生根。雍正朝的改革能夠取得實效，也才真實可信。

恃寵而驕的年羹堯

作為雍正身邊最信賴、最能幹的重臣之一，年羹堯應該是深諳世理、官道的，但他卻在權力面前「迷失」了自己，功高震主，恃寵而驕，終究沒能守住「底線、紅線」。目空一切、樹敵無數的結果，必然為天下人所不容。

年羹堯的一生，跌宕起伏、大起大落，從權傾一時，到黯然殞落（貶官賜死），他算得上是「能人腐敗」的一個典型。

投機鑽營的隆科多

上書房軍機處領侍衛內大臣、兼領「九門提督」之職的隆科多，位高權重，位極人臣，是支持雍正繼位的有功之臣，卻在皇嗣爭儲中站錯了隊，以致晚節不保，重蹈了其六叔佟國維的覆轍。

察言觀色、投機鑽營，可以取巧一時，卻不能永保一世，隆科多的命運、經歷，既是他個人性格的缺陷所致，也是「伴君如伴虎」的政治身份使然。

從「潛邸奴才」到「兩江總督」的李衛

劇中的李衛是一個較討喜的角色，雖出身卑微，卻深受「主子」雍正的信賴和賞識；雖大字不識幾個，卻在「科場舞弊案」中幫了「文人領袖」的副主考李紱；滿口粗言穢語，思路卻清晰縝密。

官至兩江總督，始終不忘為朝廷分憂。智鬥江南士紳，推行「攤丁入畝」，保證了江浙作為「天下糧倉、錢倉」的穩固。

正是李衛這一角色的存在，給全劇較為壓抑沉悶的劇情，增添了些許活躍的氛圍。

「洞若觀火」的鄔思道

作為劇中為數不多的虛構人物，鄔思道一角，確乎是一位「點睛」式的人物。凡事情到了關鍵時、要緊處，總有這位鄔先生的身影，一語道破天機，挽狂瀾於既倒，扶大廈之將傾。這樣一位通古識今的人物，深諳「功成、名遂、身退」的道理，追求的只是個人理想、信念、抱負的實施、實現，而不追求個人的榮華富貴，刻意與皇權保持了一分「安全」的距離。

劇中的很多人物，堪稱大清朝的「勞模」群像。貫穿全劇的「勤政」、「愛民」、「改革」、「新政」等細節，很容易在當下形成共鳴，這也使這部電視劇某種程度上具有了超越時空的現實意義。

二〇二〇年六月十八日

南懷瑾文化出版相關著作

2014年出版

南師所講呼吸法門精要
劉雨虹／彙編

孟子與盡心篇
南懷瑾／講述

東拉西扯——說老人，說老師，說老話
劉雨虹／著

雲深不知處：南懷瑾先生辭世週年紀念
劉雨虹／編

禪海蠡測
南懷瑾／著

2015年出版

禪海蠡測語譯
南懷瑾／原著，劉雨虹／語譯

孟子與滕文公、告子
南懷瑾／講述

太極拳與靜坐
南懷瑾／講述

點燈的人：南懷瑾先生紀念集
東方出版社編輯群／編

金粟軒紀年詩
南懷瑾／原著，林曦／注釋

2017年出版

漫談中國文化：企管、國學、金融
南懷瑾／講述

跟著南師打禪七：一九七二年打七報告
劉雨虹／編

瑜伽師地論 聲聞地講錄（上下）
南懷瑾／講述

靜坐修道與長生不老
南懷瑾／著

圓覺經略說
南懷瑾／講述

答問青壯年參禪者
南懷瑾／講述

說不盡的南懷瑾
查旭東／著

說南道北：說老人 說老師 說老話
劉雨虹／著

南懷瑾與楊管北
劉雨虹／編

禪、風水及其他
劉雨虹／著

2016年出版

話説中庸
南懷瑾／著

孟子與萬章
南懷瑾／講述

孟子與離婁
南懷瑾／講述

孟子與公孫丑
南懷瑾／講述

對日抗戰的點點滴滴
南懷瑾／口述

孟子旁通
南懷瑾／講述

大圓滿禪定休息簡説
南懷瑾／講述

我説參同契（上中下）
南懷瑾／講述

人生的起點和終站
南懷瑾／講述

孔子和他的弟子們
南懷瑾／著述

2018年出版

如何修證佛法（上下）
南懷瑾／講述

藥師經的濟世觀
南懷瑾／講述

懷師之師：袁公煥仙先生誕辰百卅週年紀念
劉雨虹／編輯

我的故事我的詩
南懷瑾／講述

洞山指月
南懷瑾／講述

百年南師——紀念南懷瑾先生百年誕辰
劉雨虹／編

新舊教育的變與惑
南懷瑾／著

禪與生命的認知初講
南懷瑾／講述

易經繫傳別講（上下）
南懷瑾／講述

道家密宗與東方神祕學
南懷瑾／著

2019年出版

中醫醫理與道家易經
南懷瑾／講述

花雨滿天維摩說法（上下）
南懷瑾／講述

金剛經說甚麼（上下）
南懷瑾／講述

懷師的四十三封信
劉雨虹／編

2020年出版

禪宗新語
南懷瑾／著

楞嚴大義今釋
南懷瑾／著

懷師的四十八本書
劉雨虹／著

皇極經世書今說——觀物篇補結
閆修篆／輯說

談天說地：說老人、說老師、說老話
劉雨虹／著

2021年出版

照人依舊披肝膽 入世翻愁損羽毛——劉雨虹訪談錄
岱峻／編著

傳統身心性命之學的探討
南懷瑾／講述

一個學佛者的基本信念
南懷瑾／講述

歷史的經驗
南懷瑾／講述

南懷瑾與彼得・聖吉
南懷瑾／講述

禪觀正脈研究
南懷瑾／講述

2022年出版

The Diamond Sutra Explained
南懷瑾／講述，紀雅雲／翻譯

2023年出版

南師的背影
查旭東／著

南師的背影

建議售價 ・420 元

作　　者・查旭東

出版發行・南懷瑾文化事業有限公司

網址：www.nhjce.com

代理經銷・白象文化事業有限公司

412 台中市大里區科技路 1 號 8 樓之 2（台中軟體園區）

出版專線：（04）2496-5995　傳真：（04）2496-9901

401 台中市東區和平街 228 巷 44 號（經銷部）

購書專線：（04）2220-8589　傳真：（04）2220-8505

印　　刷・基盛印刷工場

版　　次・2023 年 6 月初版一刷

國家圖書館出版品預行編目資料

南師的背影 / 查旭東著. -- 初版. -- 臺北市：
南懷瑾文化事業有限公司, 2023.06
面；　公分
ISBN 978-986-06130-8-7(平裝)
1.CST: 南懷瑾 2.CST: 傳記
783.3886　　112006421